A Door to the Future

未来へのトビラ
File No.009

名作裁判
あの犯人をどう裁く？

森 炎
Hono Mori

JN141566

ポプラ選書

カバー装画　トミイマサコ
カバーデザイン　bookwall

まえがき

２００９年からはじまった裁判員制度も、すでに丸9年が経過しました。裁判員候補者として裁判所に呼ばれる市民の数は1年あたり約30万人にのぼり、毎年秋になると、これだけの数の市民のもとに裁判員候補者通知が届いているはずです。時代は、新たな裁判員時代に入ったということなのでしょう。

このような「一億総裁判官」時代の到来《とうらい》を受けて、市民が真に気軽に楽しく読めて、なおかつ刑事《けいじ》裁判の全体像が自然にわかるように工夫したのが本書です。名作文学、名作映画を題材に、時にロマンチック、時にコミカル、時にスリリング、時にシニカルに、刑事裁判というものを伝えています。まるで名作文学を読み、名作映画を見るような感覚で刑事裁判の要点を体得していける点に、最大の特色があります。

刑事裁判というと、どうしても重く深刻な暗いイメージがつきまといますが、あくまで本書は、音楽で言えばイージー・リスニング。心地良く読めるイージー・リーディングの世界を目指しています。勤め人が一日の仕事を終えて、帰りの電車の中でリフレッシュして読めるようなもの、家庭の主婦が家事を一段落させて一息ついた時間に、お茶を飲みながら眺《なが》められるようなもの、そして、読んだ後には、家族みんなで話題にできるようなものにしています。

　本書で取り上げた文学作品や映画は、ほとんどの人が題名くらいは知っている、名作中の名作ばかりです。どの作品も、その中で主人公の犯罪が描《えが》かれていますが、その罪に対する罰《ばつ》の方はどうなるでしょうか。本書では、結末の延長線上に来るはずの裁判と刑罰が書かれています。読者のみなさんには、『罪と罰』のラスコーリニコフや『容疑者Ｘの献身《けんしん》』の孤独《こどく》な数学教師Ｘ、『１Ｑ８４』の女性スポーツインストラクター・青豆《あおまめ》など、あの個性的で魅力的《みりょくてき》な登場人物たちを実際に裁いてみてもらいたいのです。

　なお、本書には性質上、各作品のあらすじ紹介《しょうかい》、場合によってはネタばれも含《ふく》まれています。読者の方が未読、未見の作品については、まず名作そのものを本や

ＤＶＤなどで鑑賞《かんしょう》してからの方がよいかもしれません。
それでは、名作裁判をはじめます。

名作裁判　あの犯人をどう裁く?／目次

裁判一口メモ

（☆…本文に出てくる事項《じこう》／★…参考事項／星の数は重要度に対応）

1　ドストエフスキー『罪と罰《ばつ》』

ラスコーリニコフを裁く

なぜ人を殺してはいけないか

ドストエフスキー『罪と罰』の主人公ラスコーリニコフは、自分をほかの大勢の人々とは区別された存在（「非凡人《ひぼんじん》」）であると考え、その頭に描《えが》く理想的な自分と、貧しさゆえに大学を続けられなくなった実際の自分自身とを引き比べて、今の境遇《きょうぐう》から脱《だっ》するために、「金貸しの強欲な老婆《ろうば》を殺して金品を奪《うば》っても許される」という論理を立てます。非凡人が有害無益な者から金を奪ったとしても、それを社会のために役立てるなら、むしろ、それは有益であり、正しいことであるはずだと。

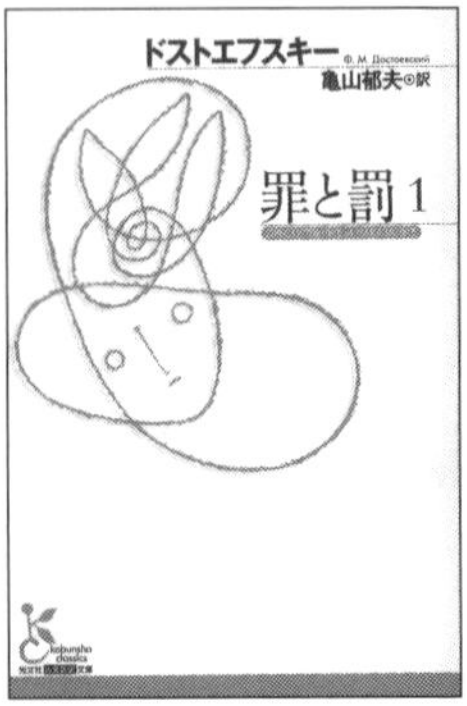

そして、ある暑い夏の夜、斧《おの》を隠《かく》し持って、間借りしているアパートからその金貸しの老婆の家に向かい、さほど良心の呵責《かしゃく》を覚えることもなしに、斧で老婆を惨《ざん》殺《さつ》します。

ところが、犯行を終えたとたん、ラスコーリニコフは殺人の現実に苦しめられることになります。頭では、思想による「正しい殺人」を行なったはずでも、斧で人を殺《あや》めた皮膚《ひふ》感覚と血のにおいからは逃《のが》れることができません。それに、ラスコーリニコフの殺人には、意外な成り行きが生じていました。自分が軽蔑《けいべつ》する金貸しのケチな老婆だけでなく、殺人の現場にたまたま帰ってきた老婆の妹まで殺害する羽目になってしまったのです。

このような混乱と苦悩《くのう》の中にあっても、ラスコーリニコフの「非凡人」の思想と殺人哲学《てつがく》は容易に揺《ゆ》らぐことはなく、度重なる予審《よしん》判事の追及《ついきゅう》からさえ、ラスコーリニコフの身をなんとか持ち堪《こた》えさせていましたが、一人の貧しい少女ソーニャの生きざまを知ることで、その考えは大きく変化し、崩《くず》れてゆきます。

自分の身を売って家族の生活を支えるソーニャ。しいたげられ、さげすまれるか憐《あわ》れまれる存在でしかないはずのソーニャは、ラスコーリニコフに「なぜ、殺される他人の痛みを感じ取れないのか」「金貸しの老婆と私たちのどこが違《ちが》うというのか」と問います。それから、再生への願いを込《こ》めてラスコーリニコフのために震《ふる》えながら祈《いの》ります。

その魂《たましい》の震えに触《ふ》れて、ラスコーリニコフは、過去にソーニャが自分の身を売る決意をした時に一度自分を殺したこと、しかし、自分を完全に犠牲《ぎせい》にすることで、同時に、まさによみがえったに違いないことを直感します。そして、ソーニャが他人を――それが金貸しの強欲な老婆であろうと誰《だれ》であろうと――自分と共にある者として感じられるのは、犠牲の痛みと復活の救いによるものであることを悟《さと》ります。

ここにおいて、他人と自分を「凡人・非凡人」として区別し、他者との共感を拒《こば》むラスコーリニコフの思想は敗れざるを得ません。と同時に、それまでソーニャのような者を救うべき対象とみていたラスコーリニコフは、ソーニャによって救われることになったのです。

この作品が法律家の目から見ても素晴らしいのは、「なぜ人を殺してはいけないのか」という問いに、ものの見事に答えている点にあります。この答えにくい、しかし根源的な問いに、「有害な者、無益な者、悪い者を殺してなぜいけないのか」と反問したうえで（ラスコーリニコフ）、他者との共存の苦しさと喜びを通して（ソーニャ）、自明とするしかないと思えた「汝《なんじ》、殺すことなかれ」の真の理由に迫《せま》り得ていることです。

さて、作品の主題についての話はこれくらいにして、裁判の現実に目を転じましょう。

ラスコーリニコフの最後の告白では何が重要か

『罪と罰』の「エピローグ」では、様々な葛藤《かっとう》の末に罪の十字架《じゅうじか》を背負うことを決意したラスコーリニコフが、ソーニャから授けられた粗末《そまつ》な木の十字架を身につけて自首し、金貸しの老婆とその妹を殺害した経緯をありのままに述べて、最終幕を迎《むか》えます。

ラスコーリニコフは、「状況《じょうきょう》をもつれさせたり、自分の利益になるようにゆがめたりすることなく」素直に事実を述べ、「老婆から貴重品入れの鍵《かぎ》を奪った状況」をはじめ、犯行状況のすべてを明らかにします。そして、犯行後の状況についても、「誰かが来てドアが叩《たた》かれたこと、さらにそこへ学生が来たこと」を述べ、「どのようにして階段をかけ下って空き室に隠れたか、どういう経路で家へ帰ったか」なども明かします。

最後に、老婆から奪った物を隠した「通りの門の内側にある石の位置」を示し、その石の下からは、財布と貴重品が出てきます。

この一連のラスコーリニコフの告白の中で、法的に見た場合、裁判でまず注目すべきはどの部分でしょうか。それは、最後に出てくる「門の内側にある石」のことです。裁判では、この点が極めて重要とされ、言ってみれば宝物のように扱《あつか》われます。なぜかと言うと、この部分があることでラスコーリニコフが客観的にも犯人に違いないだろうということが言えるからです。

裁く立場から見た場合、たとえ自白があっても、それを鵜呑《うの》みにすることはできません。自白には、よく知られているような「自白の強要」など、様々な弊害《へいがい》があります。自白に頼《たよ》って裁判することは「自白偏重《へんちょう》」と言われ、危険視されてもいます。

言い換《か》えれば、ラスコーリニコフが改心して素直に犯罪の真相を述べているかどうかを見極めようという試みは、法廷《ほうてい》ではたいして役に立ちません。そんなことは、神ならぬ身の裁判官や裁判員には、所詮《しょせん》わからないことです。大事なことは、自白の中に客観的証拠《しょうこ》に近いものがあるかどうかということです。それが、今出てきた「門の内側にある石」云々《うんぬん》なのです。

ラスコーリニコフが「通りの門の内側にある石の位置」を示し、その石の下から財布や貴重品が出てきたとなると、その自白は少なくとも、その部分に関しては真実だったということになります。それだけではありません。犯人でない者が、被害《ひがい》品《ひん》を隠した場所をなまなか供述できるとは思えません。つまり、これをもって、ラスコーリニコフは、ほぼ犯人に間違いなかろうと言えるわけです。

裁判において、この部分が宝物のように扱われると述べたのは、そういう意味です。こういう事柄《ことがら》は「秘密の暴露《ばくろ》」と呼ばれ、実際、職業裁判官は、自白（自白調書）の中にこの秘密の暴露を見つけると、子供が宝物を見つけたように喜びます。

裁判の宝物「秘密の暴露」

「通りの門の内側にある石」が重要だと⁉　それはないだろう。ラスコーリニコフの告白の全体を真正面から判断してこそ、人間らしい裁判ではないのか？　こう思った人もいるかもしれません。

　しかし、裁判とはそんな甘《あま》いものではないと、まずは考えておくべきでしょう。いったん素直な気持ちで自白したとしても、何かが原因で「やっぱり、あれは違う」と言い出す可能性があります。早い話が、ラスコーリニコフは死刑《しけい》をまったく予想していません。死刑を求刑されるとわかったら、その時点で怖気《おじけ》づいて、否認に転ずる可能性があります。そして、そうなった場合に生きてくるのが、秘密の暴露なのです。秘密の暴露があるかぎり、「やっぱり、あれは違う」と言っても、もう簡単には通用しません。

たとえば、秘密の暴露の極限的なものとして、死体を埋《う》めた場所を明かした場合があります。まず、この場合を考えてみましょう。犯人以外の者が死体の埋められている場所を言い当てられるとは考えられません——超能力者《ちょうのうりょくしゃ》でもないかぎりは。つまり、その者は犯人にほかなりません。後から、「やっぱり、あれは違う」と言い出しても、後の祭りというわけです。

この例ほどではないにしても、ラスコーリニコフの場合も、それに近いことが言えます。「通りの門の内側にある石」の下に財布や貴重品が隠されていることを、犯人以外の者が散歩か何かの折に偶然《ぐうぜん》に知るということ、そして、それが当のラスコーリニコフであるということは、あまり考えられないことです。

秘密の暴露があるかどうかは、自白が本当であるかどうかを決めるキー・ポイントとなります。さらに、秘密の暴露の「秘密性」が極限まで高まると、それはもう自白の真実性の判定のレベルを超《こ》えて、それ自体が一種の「決め手になる証拠」になります。前に出てきた「死体を埋めた場所を明かした場合」は、その例です。

ラスコーリニコフの場合の「通りの門の内側の石」云々は、そこまではいきませんが、秘密の暴露の中でも、かなり「秘密性」の高いもの、つまり有効なものと言えます。

ソーニャは検察側の証人になる

ラスコーリニコフの犯罪は、「前途《ぜんと》有望な若者が金貸しのケチな老婆を殺しても、奪った金を有効に使うならば、それは社会の利益にほかならない」という殺人哲学に基づいて行なわれたものです。そして、実際に金品を奪っていますから、これは、確固たる意志をもって行なわれた、まごうかたなき強盗《ごうとう》殺人となります。

しかも、ラスコーリニコフは、たまたまその場に帰ってきた老婆の妹まで殺害しています。つまり、これは二人殺害の強盗殺人です。現在のわが国の裁判に置き換えるならば、まず間違いなく死刑が求刑される類型と言えます。

もし、ラスコーリニコフが死刑に怖気づいて、いったんした自白を撤回《てっかい》し、否認に転じたとしたらどうでしょうか。その場合には、前に述べたとおり、「秘密の暴露」が大きな効果を発揮することになります。

けれども、この場合の「秘密の暴露」の効果は、「死体を埋めた場所を明かした場合」ほどには完璧《かんぺき》ではありません。「死体を埋めた場所を明かした場合」は、それ自体が「決め手になる証拠」になりますが、ラスコーリニコフの「通りの門の内側の石」云々は、そこまでは言えないわけです。これも前に述べたとおりです。

それでは、このような場合、検察側はどうするでしょうか。どうするかと言うと、ラスコーリニコフの犯罪を完全に立証するために、ソーニャを証人として裁判所に喚問《かんもん》することになります。ソーニャは、ラスコーリニコフから犯行を打ち明けられているからです。それは、間接的ながら、ラスコーリニコフの犯行であることを示す一つの証拠ということになります。ですから、この場合のソーニャの証言は、前記の「秘密の暴露」の効果をさらに補完するものになり、文字どおり「ラスコーリニコフの息の根を止める」ことになるのです。

犯行を打ち明けられた者を検察側の証人として出すというのは、一般的《いっぱんてき》に行なわれていることです。そして、打ち明けられた側には、喚問を受けたなら証人として出頭する義務があります。証人に出ること、法廷で証言することを拒《こば》むことはできません。裁判では、ソーニャとラスコーリニコフは咬《か》み合わせられることになります。裁判とはこういうものなのです。

ラスコーリニコフは「強盗殺人×2」で死刑

『罪と罰』では、ラスコーリニコフは、懲役《ちょうえき》8年（シベリア送りの強制労働8年）の刑で終わっています。もちろん、これは小説の中だからこそ。現実には、当時の帝政《ていせい》ロシアでも、このようなことで終わるはずはありません。

　現在の日本ではどうなるでしょうか。ラスコーリニコフの犯罪は、つい今しがた述べたとおり、二人殺害の強盗殺人です。二人殺害の強盗殺人というのは、統計的に見ると、わが国では約70パーセントの確率で死刑になっています。ですから、ラスコーリニコフは死刑とされるのが「順当」と言えるでしょう。

　もちろん、死刑にならない方の30パーセントに入る可能性もあります。その際に、ラスコーリニコフにとって大きいのは、本のエピローグにあるような「自分のなけなしの金をはたいて貧しい肺病の学友を助け、半年にわたってその生活を見てやった」ことでも、「その友人が病死した後に友人の老父の面倒《めんどう》を見てやった」ことでも、「夜更《よふ》けに火事があった時、火がまわっていた部屋に飛び込んで、自分は火傷を負いながら二人の子供を救いだした」ことでもありません。死刑回避《かいひ》を考えるうえで大きいのは、二人目の殺害が偶然の結果であること（二人目の犠牲者がその場にたまたま帰ってきたためであること）です。

　二人殺害の場合の死刑の判断基準には、「機会の同一性」と呼ばれるものがあります。この判断基準は、二人殺害という重大事案において、そのような重大極まる犯罪を引き起こしたのは、被告人の凶悪性《きょうあくせい》によるものか、それとも、いわば「魔《ま》が差した」と見る余地があるかを見極めようとするものです。ラスコーリニコフの場合は、二人目の殺害は当初意図した結果ではないことから、ここで救われる余地があります。

ただ、反面では、ラスコーリニコフの犯罪は、前記のような殺人哲学に基づいて行なわれたものですから、「魔が差した」とは到底《とうてい》言えない面があり、そう簡単にラスコーリニコフが死刑を免《まぬか》れることはなさそうです。

よくても無期懲役、社会復帰は50代半ば

現実の日本の裁判に置き換えるならば、ラスコーリニコフにとって一番有利な結果になるとしても、それは無期懲役ということになります。二人殺害の強盗殺人が有期懲役で済むということは考えられません。日本の刑法では、強盗殺人の刑は「死刑または無期懲役」と定められています。法定刑がそうなっているのですから、被害者が一人であっても、原則として無期懲役より下がることはありません。二人殺害の場合はどうなるか、言うまでもないことでしょう。

幸運にしてラスコーリニコフが死刑ではなくて無期懲役となったとしましょう。その場合、どのぐらいで仮釈放《かりしゃくほう》が認められるでしょうか。仮釈放が認められるま

での期間は、統計（最近10年間）では、30年を越《こ》えています。ラスコーリニコフは死刑を免れたとしても、シャバに出てくるのは30年後、もう50代の半ばになっているはずなのです。

『罪と罰』の中では、ソーニャは「一緒《いっしょ》に行きましょう」と言って、シベリアにまでついて行きますが、ラスコーリニコフと一緒の生活ができるのが30年後で、自分が50歳《さい》近くになっていることを知った時、彼女《かのじょ》はどう思うでしょうか。

『罪と罰』の最後は、ラスコーリニコフの再生とソーニャとの新しい生活を予感させて終わっています。しかし、「現実の裁判」というスコープでその世界を覗《のぞ》いてみれば、ラスコーリニコフとソーニャの未来には、55歳のラスコーリニコフと50歳のソーニャの姿が映るだけです。

裁判一口メモ

「秘密の暴露」とは ☆

容疑者が供述したことが、捜査官《そうさかん》があらかじめ知りえなかった事項《じこう》に属し、それによって真実が判明した場合を指します。本文に出てきた例のほかに、代表的なものを挙げてみましょう。たとえば、自白の中に凶器や毒薬の入手先に関する供述があり、それが、その後の捜査で実際に裏付けられた場合（①）、逃走《とうそう》経路についての自供内容が現地の状況と一致《いっち》していることがわかった場合（②）などがあります。「秘密の暴露」にどれだけの効果が認められるかは、個々により違ってきます。前記の①は本文で出てきたものほどの効果はなく、②はさらに落ちます。けれども、いずれも、自白の判断を客観化するのに役立ちます。

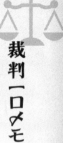

死刑の基準 ★★

現在の日本の死刑適用の基準は、大まかに言うと、被害者（殺された者）の数によって決まっています。つまり、「死刑になるのは三人以上殺害した場合で、二人殺害では死刑になる場合とならない場合がケースごとに判断され、一人殺害では原則的には死刑にはならない」といった大枠《おおわく》があります。

「機会の同一性」の基準とは ――☆

これは、二人殺害の場合において、死刑かどうかを決めるための副次的基準です。同一の機会に二人殺したか（「同時型」）、機会を異にして二人殺したか（「連続型」）という区別です。機会を異にして二人殺した場合は、犯行を二度繰《く》り返したということで、同一の機会に二人殺したのに比べて、それだけ犯罪傾向《けいこう》が強いという見方です。二度繰り返したということは、はっきりした犯罪傾向を示しているけれども、同一の機会であれば、二人殺害でも「魔が差した」と見る余地があるので、この点を吟味《ぎんみ》しなければならないという発想です。

2 ロバート・ワイズ『ウエスト・サイド物語』

「ふつうの殺人」とは何か

殺人罪の基本は『ウエスト・サイド物語』にあり

『ウエスト・サイド物語』は、ミュージカル映画の傑作《けっさく》として不滅《ふめつ》の輝《かがや》きを放っていますが、その素晴らしい歌と踊《おど》りを取り去ってみると、筋としては、実にシンプル。

ニューヨークのダウンタウンで、ジェット団とシャーク団という二つの不良グループが対立し、ジェット団の若者（主人公）と、もう一方のシャーク団のリーダーの妹（女性主人公）の恋愛《れんあい》模様が描《えが》かれ、その中で、主人公が命を落とすというストーリーです。主人公が命を落とすに至るのも、あっけないほど単純な理由です。

　二つの不良グループは、ニューヨークの下町ウエスト・サイドでぶつかり合い、小競り合いを繰《く》り返し、ついに双方《そうほう》のリーダーが高速道路の下で果し合いをすることになる。シャーク団のリーダーが、ジェット団のリーダーを刺《さ》し殺して勝つ。目の前で自分のグループのリーダーが刺殺《しさつ》されるのを見た主人公が、逆上してわけがわからなくなってしまい、相手グループのシャーク団のリーダーを刺してしまう。気がついた時には、自分の恋人《こいびと》の兄であるシャーク団のリーダーは死んでいた。

　これを知った女性主人公は悲嘆《ひたん》に暮れ、兄を殺した恋人を憎《にく》むが、恋愛感情も捨て去ることができない。すると今度は、女性主人公に好意を寄せるシャーク団の若者の一人が、そういう女性主人公の状況《じょうきょう》や自分のグループのリーダーが殺されたことにいら立ってキレてしまい、主人公を銃《じゅう》で撃《う》って仇《かたき》を取る。結局、主人公も死んでしまい、二人の恋は悲劇のうちに終わって、ジ・エンド。

　何だか、ジェット団とかシャーク団とか、カッと逆上して刺したり、銃をぶっ放したり、あまりにも安易に、簡単に人を殺しているような感じがありますが、ここで、あえて『ウエスト・サイド物語』を取り上げるのは、言ってみれば、これが刑《けい》事《じ》裁判で想定している「ふつうの殺人」だからです。

実際の刑事裁判では、個々の殺人事件の刑を数字で決める必要が出てきます。最終的には「懲役《ちょうえき》○年」という数字の問題になることが多いのですから、まずは、そういう数字を出せる枠組《わくぐみ》を作っておく必要があります。そのためには、標準となる殺人事件と懲役年数を想定しておかなければなりません。

『ウエスト・サイド物語』に出てくる殺人は、たまたま、その標準となる殺人事件に当たるというわけです。

衝動的《しょうどうてき》殺人の刑は懲役13年

ふつうの殺人と言うと、「殺人にふつうも何もないではないか」「殺人は、全部ふつうじゃないだろう」と思う人もいるかもしれません。もちろん、常識的、倫理的《りんりてき》に言えば、そのとおりですし、殺人に「並」や「上」や「特上」があるわけはありません。また、殺人事件に絶対的な意味での標準とか基準というものがあるわけでもありません。

けれども、刑の重さを決めるために相対的に見た時の真ん中を考えることはできますし、そうしておかなければ、必要な数字が出ません。

いや、数字が出せないだけではありません。せっかく市民が裁判員として裁判に参加して熱心に議論したとしても、その熱意自体が台無しになりかねません。

一例を挙げてみましょう。数年前に、首都圏《しゅとけん》の駅で、ホームで飛び込《こ》み自殺をしようとした女性が、いざ電車が入ってくる瞬間《しゅんかん》に恐怖《きょうふ》を感じ、自分は飛び込まずに、代わりに隣《となり》にいた人を突《つ》き落として死亡させたという事件がありました。

裁判員Aは「これはとんでもない」と考え、重くすべきだと主張し、裁判員Bは「瞬間的に魔《ま》が差したのではないか」と考えて、軽くすべきだと主張し、議論が白熱。ついに双方譲《ゆず》らず、多数決で結論を出すことになったとします。

「では、結論は」という段になって、Aは標準となる殺人を何となく10年ぐらいと考えていたために「懲役12年！」と叫《さけ》び、Bは標準を何となく15年ぐらいと考えていたために「懲役13年！」と叫んで、お互《たが》い顔を見合わせたと。「重くするつもりで懲役12年、軽くするつもりで懲役13年」、こういう笑うに笑えない事態ともなりかねません。これでは、落ちがつきません。白熱した議論も一気にしらけてしまいます。

そういうわけで、是《ぜ》が非でも標準となる刑と、それに対応する事件をあらかじめ設定しておかなければなりません。

ところで、これまでの殺人事件の判決全般《ぜんぱん》を見わたした場合、データ的あるいは経験的に出てくる中位の刑と事件というのがあります。そして、そういう中位の刑の数字と事件の特徴《とくちょう》をうまく捕捉《ほそく》できれば、それは、個々の事件で結論を出すための物差しとしても使えることになります。これは、実践的《じっせんてき》に生み出された、いわば、モデルとしての「ふつうの殺人」です。

このようなテクニカルな意味での「ふつうの殺人」の中身とはどのようなものでしょうか。それは、

①殺された被害者《ひがいしゃ》が一人で、

②衝動的、偶発的《ぐうはってき》に行なわれた殺人で、
③しかし、はっきりとした殺意をもって行なわれたもので、
④被害者に落ち度がなく、
⑤被告人にさしたる前科がない

というようなケースです。

そして、このようなケースは懲役何年ぐらいになるかと言えば、それは懲役13〜14年になっています。

『ウエスト・サイド物語』に出てくる主人公の殺人は、ほぼ、これらの標準的要素を持っています。自分のグループのリーダーが刺されたのを目の当たりにして主人公が逆上し、相手のシャーク団のリーダーを刺し殺してしまった行為《こうい》は、まさに瞬間的な激情によって衝動的に行なわれたものです。そして、その反面で、その瞬間においては、はっきりとした殺意に基づいています。ですから、「これは懲役何年になるか」と言えば、懲役13〜14年ということになります。

その次に行なわれた殺人、シャーク団の若者の一人が主人公を銃で撃った行為も、

似たようなものです。銃を持ち出す余裕《よゆう》があったとは言えますが、広い意味では、一時の感情に基づく衝動的な犯行と言えるでしょう。銃器を用いている点で、懲役13～14年よりは重くなりますが、これを大幅《おおはば》に超《こ》えることはありません。

被害者の落ち度とは

それでは、一番目の殺人、シャーク団のリーダーが、ジェット団のリーダーを刺し殺した行為はどうでしょうか。この殺人だけは軽くなります。どうしてかと言うと、これは果し合いの末の殺人で、殺された方も相手を殺しにかかっていっているからです。つまり、被害者にも落ち度があるからです。これは、前記の要素④（「被害者に落ち度がない」）との関係です。

ほかの要素（①～③、⑤）はモデルケースと同じですから、結局、モデルの刑である懲役13～14年より軽くされることになります。3～4年程度、懲役年数が減じられるでしょう。

ついでに、ここで、「被害者の落ち度」というのはどのような場合に認められるのか、その点に触《ふ》れておきましょう。「落ち度」と言っても、広く一般的な生活上の非行や芳《かんば》しくない態度などを指しているわけではありません。ここでの要点は、決して、殺された者の非をあげつらうことではないのですから。殺害という結末に至る客観的な状況やいきさつが問題になります。

典型的には、次のようなことです。脅《おど》されたり恐喝《きょうかつ》されたりしていた側が逆襲《ぎゃくしゅう》に転じて相手を殺害したとか、日頃《ひごろ》ＤＶ（ドメスティック・バイオレンス）の被害に遭《あ》っていた女性が、ある日ＤＶ男性を殺害したとか、家庭内暴力に耐《た》えかねて、父親や母親がわが子を殺《あや》めてしまったといった場合です。

「犯行の計画性」の位置付け

刑事裁判で言う「ふつうの殺人」の第一の特徴は何かと言えば、すでに見たように、衝動的な殺人であることです。これに対して、計画的な殺人は、当然、重くなります。裁判報道などで、「犯行の計画性」という言葉がよく出てきますが、殺人事件の重さを量るうえで「計画性」が重視されているのは、こういうわけです。

ちなみに、前に出てきた駅ホームでの身代わり突き落とし事件は、自殺の意図が瞬間的に殺人にすり替《か》わったような特殊《とくしゅ》な事件でしたが、衝動的な殺人であることは明らかでした。また、その他の「ふつうの殺人」の要素もすべて満たしていました（電車が入ってくるところに突き落とす＝③はっきりとした殺意、④被害者に落ち度なし、⑤被告人に前科なし）。

ですから、この事件の量刑《りょうけい》について言えば、「無関係の他人を巻き込んでとんでもない」としてあまり重くすることも、他方、「瞬間的に魔が差したにすぎない」としてあまり軽くすることもできないわけです。実際の判決は、このような観点から、懲役12年になっています。標準的殺人事件の刑より少しだけ軽くなっているのは、この事件の場合、「ふつうの殺人」の要素①〜⑤をすべて満たす中で、被告人がノイローゼ状態で治療《ちりょう》を受けていたことが考慮された結果です。

死者に対する捜査《そうさ》「死んでもあなたを許しはしないと♪」

『ウエスト・サイド物語』に戻《もど》りましょう。

主人公の行為、主人公を撃ったシャーク団の若者の行為、シャーク団のリーダーの行為を見てきましたが、「でも、殺人を犯した三人のうち二人は死んでしまっているから、死んだ者はもう関係ないだろう」と思った人もいるかもしれません。けれども、それは少し違《ちが》っています。捜査当局は、罪を犯した者が死亡しても、それでチャラにするわけではありません。「被疑者死亡」という形で立件されることがあります。殺人のような重大な犯罪を犯した場合には、たとえ犯人が死亡していても、このような形で検察に事件として送られるのが（送検）、通常です。

もっとも、その後、裁判が開始されることはありません。それは、死者を裁判にかけても無意味だからです。検察どまりで、終わりです（検察で「被疑者死亡による訴訟《そしょう》条件欠如《けつじょ》」という名目で最終処分が行なわれて終わります）。

このような捜査当局の扱いは、叙勲《じょくん》などの栄典資格に関係しています。つまり、重大な犯罪を犯した者（重大な犯罪を犯してから死亡した者）を叙勲などの対象から外すためです。

裁判一口メモ

未必の殺意とは ★

未必の殺意とは、「殺してやる」という意志までは認められないが「死んでもかまわない」という心理状態はあることで、特殊な殺意の一種です。この概念《がいねん》は、結果の発生を単なる可能性としてしか認識していない場合でも、それでもかまわないという心理があれば、殺意があったとみなすという考え方にほかなりません。裁判では、「それでもかまわない」という心理のことを「認容《にんよう》」と言います。結局、認容があるかどうかが、殺意の成立を画することになります。

未必の殺意の反対概念は、確定的殺意ですが、本文で出てきた「ふつうの殺人」の5要素のうちの③「はっきりとした殺意をもって行なわれた」とは、確定的殺意のことを指しています。

したがって、未必の殺意は、殺人罪の刑を下げる要素になります。本文に出てきた③（「確定的殺意」）との対比で軽くなるわけです。

3　ジョージ・スティーヴンス『陽のあたる場所』

湖上のボート転覆《てんぷく》は事故か偽装《ぎそう》殺人か

映画、小説、実際の事件

ジョージ・スティーヴンス監督《かんとく》作品『陽のあたる場所』は、古典的美男俳優モンゴメリー・クリフト、世紀の黒髪《くろかみ》美女エリザベス・テイラー主演で撮《と》られた華《はな》やかなハリウッド映画です。

この映画は、シオドア・ドライサーの代表作『アメリカの悲劇』を原作にしています。そして、原作の方は、１９０６年にニューヨーク州で起きたある殺人事件をモデルにしています。その事件というのは、貧しい若者がボートの転覆事故に見せ

かけて、つき合っていたガールフレンドを湖で溺死《できし》させて殺害し、死刑《しけい》になったというものです。ドライサーは、その後、この事件をずっと考え続け、20年の歳月《さいげつ》をかけて１００章にも及《およ》ぶ『アメリカの悲劇』を完成させました。

そのあらすじを映画に沿って見ていきましょう。

主人公は、田舎《いなか》から都会に出てきて工場で働いている若者。同じ工場で働く貧しい女性工員のガールフレンドを持ち、つつましいけれどもそれなりに幸せな青春を送っていました。ところが、ふとしたことから富豪《ふごう》の令嬢《れいじょう》と知り合い、その圧倒的《あっとうてき》な美しさに魅了《みりょう》され、また、それまでは知らなかった華やかな富裕層の世界を垣間《かいま》見《み》て、強いあこがれを抱《いだ》くようになります。自分とガールフレンドとのつき合いが、急にちっぽけなつまらないものに見えてきます。そのうえ、知り合った富豪の令嬢は、若者のナイーブなところに惹《ひ》かれ、次第に好意を見せるようになります。

それまで手が届くはずがないと思っていた世界が今、目の前に開けようとしている……。そうなってみると、これまでつき合っていたガールフレンドのことが重荷になってきます。そのうちに、つき合っていたガールフレンドが妊娠《にんしん》したことがわかり、ますます、ガールフレンドとの仲を清算したいと思うようになります。若者は、上流階級の令嬢のきらびやかな魅力とガールフレンドの素朴《そぼく》な愛情との間で迷いながらも、ついに上流階級へのステップに足をかけることを選び、妊娠したガールフレンドを湖で溺死させようと考えるに至ります。

その日、湖の上で、二人を乗せたボートは転覆します。そして、主人公は一人で岸に泳ぎつき、泳げないガールフレンドは溺《おぼ》れ死んでしまいます。

殺人で起訴《きそ》された主人公は、裁判では、これは偶然《ぐうぜん》の事故だったと訴《うった》えますが、それが認められることはなく、陪審員《ばいしんいん》の評決は有罪で死刑。若者が死刑執行《しっこう》場に向かうところで、この映画は終わっています。

実際の事件も、だいたい同じような経緯《けいい》をたどりました。

それでは、これは殺人罪で本当にいいのでしょうか。

事故と殺人を本当に区別できるか

ところで、われわれの実生活においては、日常的に起こる事故と殺人とがオーバーラップする特殊《とくしゅ》な領域があります。

たとえば、交通事故でも死亡事故を装った殺人というのがあります。わざと事故を起こして同乗者を死亡させるような場合です。このようなケースでは、殺人であることの立証は難航を極めます。それはどうしてかと言えば、交通事故が起きることの方が通常のことだからです。通常の事故だと言われると、その弁明を崩《くず》せないわけです。

いわば、「日常の事故と隣《とな》り合わせの殺人」とでも言うべき事件類型があるのです。あるいは、「日常の事故に紛《まぎ》れ込《こ》んだ殺人」と言ってもよいかもしれません。

ボート転覆溺死殺人も、その一つと言えるでしょう。ですから、『陽のあたる場所』のようなケースでは、果たして偶然の事故と区別したうえで、殺人だという立証ができているのか大いに問題になります。

しかも、この件では、主人公は単に偶然の事故だったと申し立てたのではありません。裁判では、主人公は、「自分がボートを転覆させる前にガールフレンドがボートから立ち上がり、そのためにボートが転覆した」と述べます。殺意を持ってボートに乗せたことは認めながら、自分の殺意が具体的な形を取る前に事故が起きたと主張したのです。こんな具合に。

――「たしかに自分はガールフレンドを殺すつもりになってボートに乗せた。ボートが転覆してからは、助けを求めるガールフレンドをそのままにして逃《に》げもした。そして、一人だけ岸に泳ぎつき、助かった」「でも、ボートが転覆したのは自分のせいじゃない。泳ぎのできないガールフレンドをボートに乗せて、まだ殺す決心がつかないでいる時に、ガールフレンドが不意にボートから立ち上がって、それでボートが転覆したんだ」と。

これは、実に微妙《びみょう》な、人の悪い見方をすれば、なんとも「巧妙《こうみょう》な」弁明です。こう言われてしまうと、湖でボートに乗せるまでのあやしい状況は、結果的にすべて打ち消されてしまいます。ボートに乗る時にボート貸し場の管理人に偽名《ぎめい》を名乗っていたことなど、不審《ふしん》な挙動があったとしても、全部説明がついてしまいます。

別に、被告人《ひこくにん》は、殺意はまったくなかったとか、純然たる行楽の延長で起きた転覆事故だなどと言っているわけではありません。途《と》中《ちゅう》まではそのつもりだったと言っているわけですから。いわば、裁く側は肩《かた》透《す》かしを食らわされるわけです。被告人に動機があることも、「それがどうかしました？　途中まではそのつもりだったんですけど」というわけです。一見あやしいと思えたところが、すべて当たり前の事《こと》柄《がら》になってしまいます。

つまりは、いわく言い難いものが残るとともに、殺人をうかがわせる証《しょう》拠《こ》が、いったいどこにあるのか疑問になってきます。

検察側・弁護側のどちらが正しいかは問題ではない

映画『陽のあたる場所』では、肝《かん》心《じん》の場面はこうなっています。

主人公の若者は、泳げないガールフレンドをボートに乗せてボート乗り場から湖に漕《こ》ぎ出ていきます。誰《だれ》もいない湖の真ん中あたりに出たところで、オールを漕ぐ手を止めます。深い水。暮れていく陽。しかし、いざ、ここでボートが転覆したら目の前の女は間違《まちが》いなく溺死するだろうと思うと、行動に出ることができません。噴《ふ》き出る汗《あせ》。もう、そのガールフレンドに対する愛情は薄《うす》れて、うっとうしい思いの方が強くなっています。それでも、どうしても、殺す決心がつきません。相対で目を合わせられずに、うなだれたまま。その時、その様子に不安を感じたガールフレンドが不意にボートから立ち上がります。勝手に自分で立ち上がって、ボートは転覆、ガールフレンドは一人で叫《さけ》び声を上げながら水に沈《しず》んでいきました。

この事件は、偶然の事故が殺人とされてしまった悲劇だというわけです。

けれども、こういうことも考えられます。若者は、湖の真ん中まで出ると、あたりにボートや人影《ひとかげ》がないか周囲を素早く見回す。自分たちだけなのを確認するや否や、やにわにガールフレンドを突《つ》き飛ばし、すばやくボートの片方に体重を預けて船体をひっくり返す。水中で必死に助けを求めてすがりつくガールフレンドを振《ふ》り切って、自分だけ抜《ぬ》き手を切ってスイスイ。岸に上がって、ガールフレンドが沈んだ湖の真ん中あたりを確認して「ヨシ」と。

そして、裁判では、ケロリとして「これは偶然の事故だ」と訴える。しかも、単なる偶然の事故では通りにくいと考えて、「半分だけ偶然の事故だ」と申し立てる。

実際には、どうだったかはわかりません。ケロリの方だったのかもしれません。しかし、そうだとしても、映画で描かれたような「悲劇」の可能性がある以上は、やはり、これで殺人とすることはできないのでしょう。被告人が訴えている偶然の事故の可能性を排除《はいじょ》して殺人だとするためには何か証拠が必要ですが、それがありません。

ここには、刑事裁判というものの根本的なあり方が関係してきます。もともと、刑事裁判というのは、検察側・弁護側のどちらが正しいのかを判断するものではありません。あくまで、検察側の立証が十分かどうかを判断するものです。

刑事裁判のあり方は、「疑わしきは罰《ばっ》せず」などのスローガンにも表れていますが、検察側、弁護側をフィフティ・フィフティで見て判断するものではないのです。6対4なら検察の負けです。それどころか、7対3でも、8対2でも検察の負けです。9対1ぐらいになって、はじめて結論はどちらかということになります。また、最後まで審理《しんり》しても、必ずしも事件の真相が見えてくるわけではありません。

このボート転覆溺死事件で言うと、被告人の弁明がいかにも作為的《さくいてき》で、巧妙な、ずるがしこい悪知恵《わるぢえ》のように感じられるとしても、それで検察側の立証の完成度がどうなるものでもありません。事件の真相は、転覆させて「ヨシ」「ケロリ」かもしれないという疑惑《ぎわく》があるにしても、それと殺人事件としての立証ができているかどうかは別物です。

ボート転覆溺死殺人は無罪で終わり？

ただ、そうすると、「これで無罪となっていいのか」と思う人がきっと出てくることでしょう。

そこで、この場合の主人公の行動をもう一度最初から見直してみて、それがまったく罪に問えないのかどうかを検討してみましょう。

主人公は、殺すつもりになって泳げないガールフレンドをボートに乗せています。まだ殺人には着手していませんが、これを殺人の準備と評価することは可能です。

つまり、殺人の予備行為です。たとえ、船着き場でボートに乗せるだけでは、まだ殺人の予備をしたと言えるか微妙だとしても、泳ぎのできないガールフレンドをボートに乗せて殺意をもって湖の中央に漕ぎ出た時点では、間違いなく殺人の予備をしたと言えるでしょう。結局、殺人予備罪にはなるわけです。

ボートが転覆した後に、ガールフレンドを助けずに逃げたことはどうでしょうか。一人で泳いで逃げることは、基本的には犯罪ではありませんが、その時に、助けるのがもし容易だったとすれば、遺棄罪《いきざい》（見捨てたり置き去りにする罪）が問題になる可能性はあります。泳げない者を保護すべきなのに、湖の真ん中で見捨てたということで、保護責任者遺棄罪に問われる余地があり、その結果ガールフレンドは死亡していますから、保護責任者遺棄致死罪《ちしざい》になります。

殺人予備罪や保護責任者遺棄致死罪は、殺人罪に比べると、もちろん刑はずっと軽いわけですが、懲役《ちょうえき》の実刑に処せられることはあり得ます。

つまり、この限度で処罰すればいいと割り切ることもできます。

足手まといになった女性を出世のために殺したら死刑か

ところで、映画でははっきりとは出てきませんが、実は、実際の事件では、溺れ死んだ被害者の顔には鈍器《どんき》で殴《なぐ》られたような跡《あと》があって、これが争点の一つになっていました。この点が陪審員に大きく影響《えいきょう》して、被告人を殺人で有罪とする方向に傾《かたむ》いていったのだろうと思われます。

弁護側は、この点についても、被害者が転覆の際にボートのふちにでも顔を打ちつけたのではないかと主張していました。前に述べた刑事裁判のあり方との関係で言えば、このような傷跡があることをもって殺人の証拠と見ることができるか、そう見ることができるとして、それで「被告人が被害者を殴りつけてボートを転覆させたこと」の立証として十分かどうかが問題になります。

いずれにせよ、実際は、もっと微妙だったわけです。

そこで、ここでは仮に有罪とした場合、主人公が死刑になってしまった点はどうかについても見ていきましょう。

自分の出世のために妊娠したガールフレンドを湖で溺死させようと考えたのは、身勝手な動機として非難されることになるでしょうが、凶悪《きょうあく》とか冷酷《れいこく》非道とまでは言えないでしょう。社会的地位を得たいとか、いい暮らしをしたいという願望は、誰もが持っているものです。そのために、それまでにつき合っていたガールフレンドを捨てるというのも、世間ではまま見られることです。

もちろん、その目的のために殺害という手段を選んだのは、ふつうとは言えませんし、その点ではいくら非難されても仕方ないのかもしれませんが、それは、言い換《か》えると、殺人という行為が問題なのであって、出世のためにガールフレンドを見捨てたことが悪いのではありません。

映画『陽のあたる場所』では、貧しい若者の上流階級に対する憧憬《しょうけい》が描《えが》かれています。要するに、それが強すぎて目がくらんでしまったわけですが、これを「人としてあるまじきこと」とまで非難するのは過剰《かじょう》でしょう。むしろ、「人としてありがちなこと」と言うべきかもしれません。

また、この場合は、凶器を用いたわけでもありません。はっきりとした計画性も認められません。ボートを転覆させて泳げない女性を溺死させるというのは、まったく計画性がないとまでは言い切れませんが、その計画性は高度なものでも、緻密《ちみつ》なものでもありません。

あれこれ考えると、この犯罪は、ふつうの殺人（「衝動的《しょうどうてき》な殺人」）とあまり変わらない程度の刑罰になるとみられます。つまり、懲役15年程度で終わる公算が大なのです。

刑事裁判の基本原理 ☆☆☆

裁判には刑事と民事があり、民事裁判は、私人同士の争いを裁くもので、どちらが妥当《だとう》かを決めるものです。双方《そうほう》を比較《ひかく》してどちらに分があるかで判断することになります。けれども、刑事裁判では、「分が悪い」という程度で無実の者が犯罪者にされてしまってはたまりませんから、犯罪が行なわれたことの十分な立証が求められます。

結局、検察側が十分な立証ができているかどうかだけが最終的なテーマになります。言い換えると、第一に、裁く者は、検察側・弁護側の立証の成果を比較してはいけません。第二に、弁護側は、あれこれ弁護活動をするにしても、自分の側の主張を立証しなければならないわけではありません。第三に、したがって、弁護側の活動は、あくまで検察の立証が不十分だとアピールするためのもの（追い打ち）ということになります。

4　カミュ『異邦人《いほうじん》』

「太陽のせい」で人を殺したら、果たして……

主人公ムルソーの行為《こうい》は正当防衛に近い

カミュの『異邦人』では、主人公ムルソーは、アパートの隣人《りんじん》とアラビア人との間の諍《いさか》いに首を突《つ》っ込《こ》み、大した理由もなく浜辺《はまべ》でアラビア人を撃《う》ち殺し、法廷《ほうてい》で裁判長に動機を尋《たず》ねられると「太陽のせいだ」と言って、死刑《しけい》になります。ムルソーは、自分の気持ちに素直に感じたままを述べ、法廷で厳罰《げんばつ》をおそれて弁解したり、演技したりしなかったことで、死刑を宣告されても、「自分は今、幸福だ」とたしかに実感するという、いささか現実離《ばな》れしたストーリーになっています。

これは、世間の建前と人間存在の本当の姿を対比させて、虚飾《きょしょく》を取り去った人間そのものの核心《かくしん》、つまり「実存」に迫《せま》ろうとした実存主義小説ですから、これでいいのでしょう。もちろん、ここでは、それを云々《うんぬん》するつもりもありません。

ただ、この小説の中で「世間の建前」として描《えが》かれている刑罰や裁判の姿には、実際とはかけ離れたところがあります。そこで、カミュが「世間の道徳や法」と「本当の人間存在」とを対比したのにならって、こちらは、カミュが考える「刑罰や裁判」と「実在する本当の刑罰や裁判」を対比して、実際の裁判、いわば裁判の実存に迫ってみましょう。

まず、ムルソーは浜辺でアラビア人を拳銃《けんじゅう》で撃ち殺しましたが、その前に「アラビア人は匕首《あいくち》（鍔《つば》なしの短刀）を抜《ぬ》いた」とありますから、これは正当防衛になり得るものです。ムルソーは拳銃で5発撃っていますので、正当防衛そのものではなく、過剰《かじょう》防衛ですが、過剰防衛が成立する場合には、殺人でも懲役《ちょうえき》6〜7年程度に減ぜられるのが通例です。

ムルソーは、アパートの隣人とアラビア人との間の諍いがいったん収まった後で、再びアラビア人がいた浜辺まで行ってアラビア人を撃っていますが、この点はどうでしょうか。最初から、アラビア人を撃つつもりで、つまり、殺すつもりで、戻《もど》っていったのではないかということです。

カミュの小説『異邦人』の中では、検察官は、この点を取り上げて「わざわざ戻っていって撃ったのだから、積極的に殺してやるというつもりで行なった悪質な加害行為だ」と言っているわけです。

これは、刑事裁判では、「防衛の意思」と呼ばれる問題です。正当防衛や過剰防衛が成立するためには「防衛の意思」で行なったことが必要とされています。はじめから、相手の態度などおかまいなしに殺すつもりでいた場合には、たまたま防衛行為のような形になったとしても、正当防衛や過剰防衛からは除外されるわけです。

けれども、このケースが除外例に当たることはないでしょう。事件の前には、ムルソーは、アラビア人に襲《おそ》いかかろうとしたアパートの隣人を制止しようとしていたぐらいですから、その直後に、突然、殺してやろうというつもりになって浜辺に下りていったとみるのは無理があります。ムルソーが言うように、たまたま浜辺に下りていったら、まだ、そこにアラビア人がいたというのが自然でしょう。ムルソーの供述を否定することはできません。

では、だとしたら、動機は何なのかが問題になります。カミュの小説の中では、この点を裁判長が「なぜ撃ったのか」「どうして殺すまでのことをしたのか」と尋《じん》問《もん》しているわけです。これに対するムルソーの答えが、「太陽のせいだ」でした。

「太陽のせいだ」――その申し立ては認められる

カミュの『異邦人』では、「太陽のせいだ」という主人公の供述は、まともに取り上げるに値しないものと見なされます。そして、要するに、そんなわけのわからないことで人殺しをするような男なのだということで、厳罰が下されます。

けれども、実際の裁判では、「太陽のせいだ」という言葉は、法廷で受け入れられることになるでしょう。

客観的に見て、ムルソーの行為には、「アラビア人が匕首を抜くのを見て」反応したという以外に、動機らしきものが見当たりません。見ず知らずのアラビア人を殺害する必然性が見出せません。アパートの隣人とアラビア人が諍いになっていたということ以外、背景となる状況《じょうきょう》がありません。そして、合理的に考える限り、アパートの隣人の肩《かた》を持つために、相手のアラビア人を殺害するとも思えません。

反面、相手方の攻撃《こうげき》の態度や凶器《きょうき》に反応して、とっさに防衛的に行動することは、何人にも起こり得ることです。あり得る行動です。

つまり、ムルソーの行為の本質は、「アラビア人が匕首を抜くのを見て」とっさに防衛のために拳銃を発射した、その一点にあると考えるほかないでしょう。とっさに1発発射し、それからは、拳銃を発射してしまったことで自制心と冷静な判断をさらに失って、残りの4発を立て続けに発砲《はっぽう》したと見られるわけです。

それを、被告人《ひこくにん》であるムルソーは「太陽のせいだ」と言っている——法廷はそう理解することになります。被告人なりの表現で、「相手が匕首を抜くのを目にして目がくらんだ状態」、1発発射した後は、「さらに頭に血が上って立て続けに発砲してしまった状態」を指して、そう述べていると見るのが、実際の裁判の通常のあり方です。

もし、裁く側がそれと違《ちが》う認定をした場合には、その合理性が問われることになります。

仮に、「最初から殺すつもりでいたのだ」という認定をするなら、いったい、そこまで強い動機や理由がどこにあるのかが問われます。「わけのわからないことで人殺しをするような男なのだ」という認定をするなら、なぜ「アラビア人が匕首を抜くのを見て」取った行動であることを無視できるのか、それが厳しく問われます。

刑事裁判は人を裁かず、行為を裁く

カミュは、『異邦人』の中で、検察官にムルソーがいかに不道徳な人間であるか糾弾《きゅうだん》させています。母親が死んだ日の翌日に、ガールフレンドと喜劇映画を見て笑い転げたとか、そのガールフレンドとベッドインしたとか、死んだ母親の年を覚えていなかったとか、母親の死に顔を見ようともしなかったとか……。

けれども、実際の裁判では、こういうことはあまり関係ありません。刑事裁判の基本には、行為責任という考え方があります。これは、裁かれるのは行なわれたことで、人間自身を裁くのではないという考え方です。人が人を裁く以上、こういう考え方にしておかないと、それこそ「人の上に人を造る」になりかねません。あくまで、「天は人の上に人を造らず」でいかなくてはいけません。

つまり、刑事裁判では、行なわれた行為そのものと、それ以外とは峻別《しゅんべつ》されます。どのような刑罰にするべきかを考える場合には、考慮《こうりょ》する事情を①犯情と②一般《いっぱん》情状の二つに大別して考えます。①犯情というのは、行為自体に直接関係する事情で、②一般情状というのは、それ以外の生活状況などに関する一般的な事情です。

そして、①の犯情は重視されますが、②の一般情状はそれほど重視されません。裁判は、人間性自体を裁くものではないからです。

具体例で言うと、裁判報道などでよく出てくる「犯行の計画性」は、①に属するものです。行為の残虐性《ざんぎゃくせい》なども、そうです。

これに対して、先に出てきたムルソーが糾弾されたような事柄《ことがら》は、すべて、②に属するものです。一般情状にすぎません。ですから、これらが裁判で重視されることはないのです。いくら検察官がこういう事柄を取り上げて糾弾しても、ムルソーの刑をあまり重くすることはできないのです。

裁判を道徳説教の場と勘違《かんちが》いしたカミュ

もっと言えば、この事件で、ムルソーの芳《かんば》しくない生活態度が考慮されることは、まったくありません。

生活状況のような事柄を考慮してよいかは、事件によりけりです。この事件のように、正当防衛や過剰防衛が問題となる事例では、一般的な生活状況や生活態度を問題にすることは、そもそも的外れです。

ムルソーが発砲したのは、アラビア人が匕首を抜いたからです。おそらく、アラビア人が匕首を抜かなかったら、発砲しなかったのでしょう。そこには、それまでの生活状況や生活態度などは、かかわりがありません。ムルソーが良い生活態度を取っていたら、発砲しなくて済んだのでしょうか。ガールフレンドと喜劇映画を見て笑い転げていなかったら、アラビア人に発砲しなくて済んだとでも言うのでしょうか。ガールフレンドとベッドインしなかったら、どうだと言うのでしょうか。死んだ母親の年を覚えていたら……、母親の死に顔を見ていたら……。

事件によっては、生活態度や生活状況が考慮されて刑が重くなることもあります。たとえば、子供を継続的《けいぞくてき》に虐待《ぎゃくたい》したあげく死亡させたような事件、働けるのに働かなかったために、次第に窮乏《きゅうぼう》してついに強盗《ごうとう》を決意するに至ったような場合などは、そうです。

けれども、この事件のように、切迫《せっぱく》した状況の瞬間的《しゅんかんてき》な行動が問題になる場合には、生活履歴《りれき》などを問題とすることは、お門違いです。それでは、行なわれたことと関係なく人間そのものを非難することになりかねません。それは、法廷で行なわれるべきことではありません。教会や学校ででも、やればよいことです。

もし、生活態度や生活状況などを取り上げてムルソーの刑を少しでも重くするとすれば、実は、それはまったく不当なのです。

カミュは、裁判をまるで道徳か説教の場のように描いています。けれども、そこには大きな勘違いがあると言わざるを得ません。

リアリティーを欠く主人公の死刑

実際の裁判でムルソーがどのくらいの刑になるかと言えば、過剰防衛が成立する場合の殺人の刑は平均で懲役6～7年程度ですから、銃器を用いている点を考慮しても、懲役10年を超《こ》えることはないでしょう。

それに、ムルソーの場合は、拳銃を用いているとはいえ、その拳銃は、アパートの隣人がアラビア人に襲《おそ》いかかるのを制止した際に、その隣人から取り上げて応急措置《そち》的に持っていたものですから、銃器使用を理由にどれだけ刑を重くすることができるか、実は疑問もあります。

それはともかくとしても、ムルソーの刑が標準的な殺人の刑である懲役13～14年を下回るのは明らかで、死刑などというのは突拍子《とっぴょうし》もない話です。

カミュは、不条理の作家と言われます。その作品は、世間一般の常識が通用しない人間性の不条理を徹底的《てっていてき》に描き出したものです。そして、作者の意図は、その中にこそ、「真実」があると訴《うった》えることにあったと見られます。そのような手法で人間存在の根本を明らかにしようとしたものと見られています。

しかし、カミュの『異邦人』では、ムルソーの死刑に根本的な錯誤《さくご》があります。そこには、残念ながら、「真実」は少しもありません。

意外に、実際の刑事裁判というのは、ムルソーの世界に近いのです。少なくとも、カミュの描くところの「裁判の世界」よりも、ムルソーの世界に近いと言うことができます。

「それは太陽のせいだ」――法廷でそう叫んだとしても、そんなに場違いなことではありません。

裁判一口メモ

正当防衛と防衛の意思 ☆

正当防衛となるためには、防衛するつもりで行なったことが必要になります。たとえば、ただ相手を痛めつけるというだけの意思で攻撃した場合に、たまたま、その相手も、こちらを攻撃しようとしていたことが後からわかったとしても、それで正当防衛になるわけではありません。

さらに、たとえ相手が攻撃しようとしているのがはじめからわかっていたとしても、委細かまわず痛めつけてやるというのであれば、同じです。また、相手の攻撃を挑発《ちょうはつ》してから迎《むか》え撃つような場合も、同じ理由で正当防衛にはなりません。

過剰防衛 ☆

過剰防衛というのは、正当防衛となり得たのにやりすぎてしまったという場合です。

攻撃してきた相手を制圧した後も、ポカポカ殴《なぐ》り続けたような場合（「量的過剰」）と、素手の攻撃に対して刃物《はもの》で応戦したような場合（「質的過剰」）があります。過剰防衛の場合は、正当防衛とは違って、有罪となります。そこまでやる必要はなかったのに、やりすぎているからです。ただし、刑が減軽されたり、免除《めんじょ》されたりすることがあります（刑法36条2項《こう》）。

過剰防衛は、正当防衛となり得たのにやりすぎてしまった場合のことですから、ここから逆に、もし、やりすぎなかったら正当防衛になったという関係が認められなければなりません。前記の防衛の意思を欠く場合などは、過剰防衛にもならないわけです。

5　ルネ・クレマン『太陽がいっぱい』

華《か》麗《れい》なる死体なき殺人事件の結末

主人公の行為《こうい》を犯罪学的に見ると……

アラン・ドロン演じるリプリーは、灼熱《しゃくねつ》の太陽が照りつける中、洋上のヨットで友人を刺《さ》し殺す。ヨットには、その友人とリプリーだけ。死体はロープを巻きつけ重しをつけて、海中に投げ入れる。きわだつ手際のよさ。殺した友人というのは、大金持ちの息子で、リプリーはその友人になりすます。そして、友人の上等な服を着て、高価な装飾品《そうしょくひん》を身につけ、友人の父親からの送金を受け取り、最後には、友人の婚約者《こんやくしゃ》だった美しい女性まで手に入れる。

ルネ・クレマン監督《かんとく》『太陽がいっぱい』は、題名のとおり、この犯罪を光あふれる映像で明るく描《えが》き出しています。そのカメラワークは、あくまで華麗、洗練されてファッショナブル。

けれども、「裁判」という目で見ると、この犯罪は強盗《ごうとう》殺人、アラン・ドロン演じるリプリーは、強盗殺人犯ということになります。何を強盗したかと言うと、それは、友人の上等な服であり、高価な装飾品であり、友人の父親から送られてきたお金等々です。こういう現品目当ての強盗殺人というわけです。

実際の事件で、身の回りの品目当てに友人を殺害した例と言えば、１９８２年の松山ホステス殺害事件が思い出されます。これは、女性の犯罪だったうえに、逃亡《とうぼう》生活14年余、時効成立直前で逮捕《たいほ》されるというドラマティックな幕切れがあって話題となりました（時効は現在は撤廃《てっぱい》されています）。一緒《いっしょ》に暮らしていた同僚《どうりょう》ホステスを殺害した事件ですが、この殺人は、その同僚の家具を奪《うば》うためのものでした。

こういう身近な人の身の回り品を奪うための強盗殺人は、強盗殺人の中でも、とりわけ原始的で、近視眼的な犯罪とされています。いわば、動物的な犯罪と言えるかもしれません。およそ、知的センスとか犯罪の美学とは無縁《むえん》、知能犯とも完全犯罪とも対極にあるものとされています。

ですから、アラン・ドロン演じるリプリーのやったことも、犯罪学的には同断。「太陽がいっぱい」どころか、考えの足りない暗く愚《おろ》かな犯罪の代表例ということになります。

原作にはなかった映画のラストシーン

とはいえ、映画『太陽がいっぱい』は、ルネ・クレマン監督の手腕《しゅわん》で、あくまで軽快に、ドライに、そしてシャープに進んでいきます。殺した友人の筆跡《ひっせき》をまねたサイン、指紋《しもん》のすり替《か》え、遺言書の偽造《ぎぞう》、豪華《ごうか》なパーティ、海水浴、極上のワイン……。

そして、最後のカットの衝撃《しょうげき》。

「ヨットのスクリューに巻きつく被害者《ひがいしゃ》の死体」

陸に引き上げられたヨットからは、スクリューに絡《から》みついた死体が現れます。リプリーが海に投げ入れた被害者の死体は、そのまま海に沈《しず》んでいったのではなくて、ロープがヨットに絡まって引きずられていたというわけです。まぶしすぎる太陽を思わせるほどに、鮮烈《せんれつ》なショット。アラン・ドロン演じるリプリーの犯罪までもが、太陽の下に現れて終わります。これ以上ないほどの見事なフィナーレと言えるでしょう。

　ところが、この映画の最後のシーンは、実は、原作にはありませんでした。原作のパトリシア・ハイスミス著『リプリー』には、これに当たる部分はまったく存在していません。映画では、最後の最後で、リプリーの犯罪が露見《ろけん》して終わりますが、それでは、もし、原作どおりにこのワンカットがなかったら、どういうことになったのか。ここでは、それを考えてみましょう。

　沖合《おきあい》で重しをつけて海に沈められれば、死体が上がることは、まず期待できません。この犯罪が行なわれたのは、洋上のヨットの上。犯行を見ている者はいません。被害者を刺したナイフも、海に投げ捨てています。このような場合、犯罪の立証はどうなるのでしょうか。パトリシア・ハイスミスの原作では、「すごい才能リプリー君」ということで、自画自賛の完全犯罪で終わっていますが、実際にもそうなるのでしょうか。

死体なき殺人事件はどう裁かれるか

死体が上がらない場合は、「死体なき殺人事件」と呼ばれたりします。

ときどき、「死体が見つからない場合には殺人罪で有罪になることはない」と勘《かん》違《ちが》いしている人がいます。これは、「罪体《ざいたい》」という言葉を取り違えたことからくるもので、「犯罪の証明のためには、まず罪体が立証されなければならない」などと言われることはたしかにありますが、その場合の「罪体」というのは、犯罪の客観的側面を指す言葉です。ボディ（遺体）を指しているわけではありません。殺人罪であれば、故意（殺意）などの主観面を除いた客観面（行為と結果）を指すことになります。

ですから、「罪体」が立証されなければならないことは当然のことで、当たり前のことを言っているだけです。死体が存在することが立証されなければならないというものではありません（捜査《そうさ》現場では死体を指して罪体と言うこともありますが、それは立証主題とは無関係に慣用で言われているだけです）。

実際、「死体なき殺人事件」でも有罪とされている例はあります。

それでは、死体なき殺人事件は、どのようにして有罪となるのでしょうか。何をもって殺人があったと証明されることになるのでしょうか。

実際の裁判では、一つは「通常血が流れない場所で血が流されたこと」、もう一つは「ほかの者には犯行を犯す機会が少ないこと」、この二つで絞《しぼ》り込《こ》みを行なうことがあります。これは、単純化して言えば、次のようなことです。

駅や道路、広場などの不特定多数が出入りする公共の場所では、たとえ、どこかに血だまりがあったとしても、それだからどうということはないでしょう。一瞬《いっしゅん》「ドキッ」とするかもしれませんが、だからといって、それがすぐに殺人事件や傷害致死《ちし》事件に結びつくわけではありません。日常的な事故で、ケガ人がすでに病院に運ばれた後なのかもしれません。また、事故にせよ、事件にせよ、近くにいた人がそれだけで関与《かんよ》を疑われるということにもなりません。

　けれども、もし、会社の社長専用の応接室に血だまりがあり、社長の姿が消えていたとしたら、どうでしょうか。そして、その日、社長とその応接室で面会する予定が入っていたのは取引先のＡ氏一人だったとしたら、どうでしょうか。そういう時には、Ａ氏が疑われるでしょう。状況《じょうきょう》から見て、殺人なり傷害致死なりの疑いがかけられるだろうということです。

　この論法でいけば、リプリーは安泰《あんたい》とは言えません。『太陽がいっぱい』では、リプリーは被害者をナイフで刺し殺していますから、ヨットから血液反応が出る可能性があります。レジャー航行のヨット上で流血するような事故が起こるというのは、あまり考えられないことです。また、その時には、ヨットの上には被害者とリプリーの二人しかいません。そして、その後に被害者の姿が消えています。

状況証拠《しょうこ》の積み重ねとは

もちろん、いくら「血が流された」とか、「ほかの者には、犯行を犯す機会が少ない」などと言っても、それで犯罪の立証ができたということにはなりません。前にも出てきたように、もともと刑事裁判では、検察側に十分と言えるだけの高度な立証が求められます（☞**3 陽のあたる場所「湖上のボート転覆は事故か偽装殺人か」**）。

ですから、『太陽がいっぱい』で言えば、もしヨットから血液反応が出たとしても、リプリーはまだ大丈夫《だいじょうぶ》です。

実際の裁判では上記の二つの事柄《ことがら》で犯人の絞り込みを行なう例があると言いましたが、それは「絞り込める」というだけのことです。犯人を断定できるとしたものではありません。では、犯人と断定するためには、ほかに何が必要となるのでしょうか。

あとは、あらゆる「あやしい」状況を総動員して、犯人と言えるかどうかを考えることになります。それこそ、「動機はあるか」からはじまって、周辺の物や利益の移動状況に至るまで、事細かに検討していくことになります。

よくテレビの刑事物ドラマに出てくるように、被害者との人間関係はどうだったか、恨《うら》みを抱《いだ》いている形跡はあったか、いわゆる三角関係はなかったか、事後にどういう態度を取っているか、被害者と友人関係だったのに、その死後も平気でいるか、逆に、作為的《さくいてき》に大げさに悲しんだりしてはいないか、犯行後、金回りがよくなった形跡はあるか、急に借金を返済したり、金遣《かねづか》いが荒《あら》くなったりしていないか、犯行前の生活状況はどうだったか、金に窮《きゅう》していたのではないかなど、ありとあらゆることが検討の対象になります。

これが「状況証拠による認定」と言われる問題です。

それでは、そういうあらゆる「あやしい」状況の中でも、死体なき殺人事件のような場合に、とくに容疑者に不利になることは何でしょうか。それは、被害者の物を横領したり、処分したりしていることです。そういう行為は、被害者が死んでいることを知って行なっている可能性が大だからです。そして、そういう行為は、当の横領なり処分なりをした者が被害者の死に関与していることをうかがわせます。

一般論《いっぱんろん》としては、もし潔白だとすればそんなことはしないだろうと言えるからです。

「たまたま被害者の死亡を知っただけだとしたら、警察などに知らせこそすれ、あらぬ疑いを招くようなことはしないはずだ」と。

「死体なき殺人事件」として知られる実際の例には、１９８２年の池袋《いけぶくろ》の古美術商殺し事件というのがあります。この裁判では、古美術店の事務所で流血があったこと（血液反応）、その店には常時、主人と従業員の二人しかいなかったことの二つを柱にしたうえで、そのほかに、古美術商の主人の姿が消えた後に、従業員が美術品を処分したり、店の金を使い込んだりしていることを重視して、従業員を殺人犯と認定しています。

「太陽がいっぱい」、知恵《ちえ》はちょっぴり

『太陽がいっぱい』では、アラン・ドロン演じるリプリーは、友人を殺害すると、すぐさまその上等な服を着て、友人の高価な装飾品を身にまといます。友人あてに

送られてきたお金も使います。ヨットも売却《ばいきゃく》しようとします。リプリーは危険になってきます。

それだけではなく、さらに殺した友人にそっくりそのままなりすまし、手の届かなかった上流階級の世界を謳歌《おうか》しようとします。リプリーは、ますます危険です。被害者の物を横領したり、処分したりしているだけなら、まだ、生前に被害者からもらったなどと言い訳できないこともありませんが、その余地もなくなります。さらに、容疑の内容も、殺人か傷害致死のうち、殺人の方に傾《かたむ》いていきます。傷害の故意では「なりすます」ことはできないのですから。

リプリーとしては、サインをまねたり、電話で声色をまねたりして、自分では別人が存在しているように装ったつもりなのでしょうが、これは、かえって逆効果となるだけです。捜査当局は、既知《きち》（旧知）の人物が被害者と実際に会っていて「誰々《だれだれ》だった」と証言する場合でなければ、存在証明とは認めません。いつごろ被害者の姿が消えたのか、その時期をごまかすことは容易ではありません。いずれ、被害者がいなくなった時期は判明してしまうでしょう。その時に、被害者の物を横領したり、処分したうえ、被害者になりすましている者がいたとなれば、関与の疑いは極めて濃厚《のうこう》です。

映画や小説では「太陽がいっぱい」でも、実際の裁判では「知恵はほんのちょっぴり」でリプリーはおしまいかもしれません。

では、そうなった場合、リプリーは強盗殺人犯とされてしまうのでしょうか。それとも殺人犯（単純殺人）でしょうか。はたまた、傷害致死罪なのでしょうか。実は、このいずれになるかは、自白次第という面があります。

冒頭《ぼうとう》で述べたとおり、『太陽がいっぱい』は、本来、強盗殺人になるべき事案です。けれども、「最初は物を取る目的ではなかった」とか「カッとして殺してしまってから出来心で金品を取ってしまった」と言い張られると、強盗目的の認定が難しくなります。ほかに、これを排除して強盗殺人と断定する証拠がないからです。前に出てきた池袋の古美術商殺し事件でも、被害者の多額の財産が取られていたにもかかわらず、強盗殺人とまでは認定されずに、単純殺人となっています。

さらに、完全否認された場合には、殺意の立証も難しくなってきます。先ほど、傷害致死か殺人かという点では殺人の方に傾くと言いましたが、この点についても、別に決定的な証拠があるわけではありません。殺意を頑《がん》として否認されてしまうと、傷害致死にまで罪状が落ちる可能性も残ります。

なぜこうなるのか、もう少しだけ、その理由に踏《ふ》み込んでみましょう。

それは、根本的には、以上で見てきた絞り込みの手法は、客観的に犯罪と犯人を絞り込んでいくもので、事柄の性質上、犯罪の主観面には及《およ》ばないからです。先ほど、「罪体」という言葉が出てきましたが、この場合の絞り込みは、その罪体と犯人性に関するものなのです。外界の事象とは区別される行為者の主観面は、別になります。今出てきた強盗目的や殺意などについては、認定上、自白に頼《たよ》らざるを得ない面があるのです。

死体なき殺人事件の場合は、一般の殺人事件と違って、死体という手がかりがないために、また、どうしても犯人逮捕や現場確保が遅《おく》れてしまうために、こういう立証上の限界がもろに出てきます。この点も、死体なき殺人事件のもう一つの特色として、頭の片隅《かたすみ》に入れておくとよいでしょう（死体のある殺人事件でも、白骨死体の場合などは同じです）。

裁判一口メモ

刑事裁判における「十分な立証」とは ——★★

前に、刑事裁判では「十分な立証」が必要とされるという基本原理が出てきました（☞**3 陽のあたる場所「湖上のボート転覆は事故か偽装殺人か」**）。では、「十分な立証ができた」とはどのような状態を言うのでしょうか。これは、「確実に真実らしいこと」を言うとされています。つまり、反対の可能性がまったくないことまで立証される必要はありません。本文で出てきた「死体なき殺人事件」などでも有罪とされることがあるのは、このような観点からです。

そして、「確実に真実らしい」と言えるかどうかは、裁く者がどう思うかで決めるほかありませんから、結局、それは、裁判員が「真実らしいとの確信を得た時」ということになります。最終的には、裁く側の常識的な考え方や感覚的なとらえ方に依拠《いきょ》するわけです。

6 ルイ・マル『死刑台《しけいだい》のエレベーター』

アリバイなき殺人容疑と完全犯罪

鉤《かぎ》つきロープの完全犯罪

ルイ・マル25歳《さい》の時の作品『死刑台のエレベーター』は、ヌーベルバーグ（1950年代末にはじまったフランス映画の「新しい波」）の嚆矢《こうし》と言われています。日本では、2010年、緒方《おがた》明《あきら》監督《かんとく》、吉瀬《きちせ》美智子《みちこ》、阿部《あべ》寛《ひろし》主演でリメイクされました。

もとのフランス映画の方は、一般《いっぱん》には次のように解説されています。用意周到《しゅうとう》に考えられた完全犯罪が、あと一歩というところでエレベーターの電源停止という偶然《ぐうぜん》によって、もろくも崩《くず》れ去る様をシャープにみずみずしく描《えが》いたと。

たしかに、新進気鋭《きえい》のルイ・マルが撮《と》ったこの映画には、今見ても、あの時代を駆《か》け抜《ぬ》けていった勢いと独特の魅力《みりょく》があります。全体の張りつめたトーン。その中にも、どこかそこはかとなく退廃感《たいはいかん》が漂《ただよ》う不思議な雰囲気《ふんいき》。それは、主人公の非情さと哀《かな》しみを象徴《しょうちょう》しているようでもあります。深みのある映像からは、当時のパリの街角の物憂《ものう》いような空気まで伝わってきます。間違《まちが》いなく、これは名作なのでしょう。

映画のストーリーは、次のように進みます。

主人公ジュリアンは、勤め先の社長夫人と愛人関係になって、社長を亡きものにしようとし、完全犯罪を考えます。ある日、社長室で、いきなり拳銃《けんじゅう》で社長を射殺し、社長の手に拳銃を握《にぎ》らせて自殺したように見せかけると、自分は窓から出ていきます。窓の手すりには、ロープが下がっていました。

ジュリアンが考えた完全犯罪とは、会社の自分の部屋から窓越《ご》しに、手すりに鉤つきロープをかける方法で、1階上の社長室にロープ伝いに上がり、社長を射殺した後は、再びロープ伝いに自分の部屋に降りて、何くわぬ顔をして退社するというもの。ジュリアンが用意したロープの先端《せんたん》には、先が分かれて錨型《いかりがた》に曲がった鉤がついていました。これを1階上のベランダの手すりに引っかけて、ロック・クライミングの要領で社長室まで上がるという寸法。社長射殺に用いた後、その手に握らせておく拳銃は、あらかじめ社長夫人から入手していた社長自身の拳銃でした。

ジュリアンは、計画どおりに社長室でことを運ぶと、ロープ伝いに、また自分の部屋に戻《もど》ってきて、退社時間を待つ。退社時刻のサイレンとともに部屋を出て、ほかの社員たちと合流。一緒《いっしょ》に会社の玄関《げんかん》を出る。これで終わり……のはずが、外に出て社の近くに停めておいた車に乗ろうとした時に、ロープをそのまま残してきたことに気づく。ジュリアンは急いで会社に戻り、エレベーターに駆け込《こ》む。

ところが、もう会社は締《し》まる時刻。ビルのエレベーターの電源は落とされて、ジュリアンを乗せたエレベーターは階の途中《とちゅう》で止まった。社長室のある階と自分の部屋の階の間で止まり、エレベーターに閉じ込められてしまった。結局、次の日の朝までそのままの状態でいるはめに。

　一方、ジュリアンがエレベーターに閉じ込められて一夜を明かす間に、社の近くに停めておいた車は町の不良に盗《ぬす》まれてしまう。それだけならまだしも、その不良は、車の所有者ジュリアンの名前でモーテルに泊《と》まり、車の中に置いていたジュリアンのカメラを使い、おまけに、ジュリアンが車に隠《かく》していたもう一丁の拳銃を見つけ出して、それで人殺しまでする。

　翌朝、エレベーターが動き出し、やっと外へ出ることができたジュリアンだったが、そのジュリアンを待っていたのは、身に覚えのない別の殺人容疑だった。

言いたいけれど言えないアリバイ

　ジュリアンは、その日の晩のことについて警察で繰《く》り返し尋問《じんもん》を受けますが、「覚えていない」としか答えられません。「身に覚えのない容疑についてあかしを立てるためには、エレベーターに閉じ込められていたことを言わなければならない」「しかし、それでは、なぜ自分が会社に戻って社長室のある階に行こうとしていたのか説明できない」——アリバイを言いたくても言えない状況《じょうきょう》に陥《おちい》ります。

裁判では、アリバイが認められれば、ほかにどれだけ疑わしい証拠《しょうこ》があっても無罪となります。アリバイというのは、「現場不在証明」のことなのですから、それが当然にして唯一《ゆいいつ》の結論です。もちろん、これは捜査《そうさ》段階でも同じで、もし、ジュリアンが、その時すぐに警察に真実を言えば、エレベーターの作動記録を確認するなどしてアリバイが認められ、不良の犯した殺人の容疑に関する限り、疑いは晴れたはずです。

他方、アリバイがないことはどうでしょうか。裁判では、アリバイがないことは不利には扱《あつか》われません。アリバイがないからといって、それが有罪方向の証拠とされて、その分、有罪の心証が形成されるということはありません。裁判においては、「アリバイがないからあやしい」ということにはならないわけです。この点は、アリバイがない人は裁判官・裁判員をはじめ、いくらでもいるのを考えればわかると思いますが、捜査刑事的な考え方とは、大きく違っていますし、日常的な感覚とも違うかもしれませんから、やや注意が必要です。

そして、これは単にアリバイが証明できないという場合だけではなく、ウソのアリバイ工作をして、それがバレてしまったという場合ですら、基本は同じです。たとえ無実の者であっても、自分が有罪にされてしまうのをおそれるあまり、身内や知人に虚偽《きょぎ》のアリバイ証言を頼《たの》むということが考えられます。切羽詰《せっぱつ》まって、そうしないとも限らないのですから、逆に言えば、ウソのアリバイ工作をしたから有罪だろうと考えるわけにはいきません。この点も、つい誤解しがちなところです。

アリバイに関する誤解

ビリー・ワイルダー監督作品に『情婦』という映画があります（原題『検察側の証人』）。マレーネ・デートリッヒ演じる被告人《ひこくにん》の妻が、殺人容疑をかけられた夫を救うために、証人として法廷《ほうてい》で複雑な立ち回りをする裁判劇ですが、これもアリバイに関係しています。

デートリッヒ演じる被告人の妻は、裁判では愛妻のアリバイ証言はあまり信用性がないと聞き、わざわざ検察側の証人となって、夫からウソのアリバイ証言を頼まれたという暴露《ばくろ》発言をします。そして、それによって陪審員《ばいしんいん》が有罪の心証に傾《かたむ》いた段階で、次の公判では、自分の先の証言は、実は夫以外の愛人と一緒になるために夫を陥《おとしい》れようとしたものだったと懺悔《ざんげ》して（作り話）、有罪の心証を一気に覆《くつがえ》すとともに、陪審員の同情を夫にふり向け、無罪を勝ち取るという内容になっています。

映画『情婦』は、大どんでん返しのストーリーで有名となり、映画の最後には「結末をほかの人に絶対に話さないでください」というテロップまで流されますが、裁判の実際に照らして言うと、この映画で当たっているのは、身内の証言は信用性が低いというところまでです。残念ながら、それから後は全部外れています。

ウソのアリバイ工作をしたことが法廷でバラされてしまったとしても、裁く立場の者が有罪方向の心証を取ることはできない――それが基本です。つまり、その証言は、さしてマイナスにはなりません。だから、また、次の公判でその証言が覆ったとしても、ほとんど何もプラスにはなりません。

まとめてみましょう。アリバイというのは、それが立証された場合には、ほかにどんな証拠があろうとも、それだけで無罪となるという劇的な効果を持つとともに、そのほかの場合には、プラスの効果もマイナスの効果もほとんどないという、ちょっと変わった立証手段なのです。

ところで、ここら辺で、もとの映画の話に戻らなければなりません。ビリー・ワイルダー監督『情婦』からルイ・マル監督『死刑台のエレベーター』にチャンネルを切り替《か》えましょう。

エレベーターに閉じ込められたジュリアンのことです。エレベーターに閉じ込められている間に車を盗まれて、あらぬ犯罪に使われてしまったジュリアンは、どうすればよかったのでしょうか。

ジュリアンは、ただ、「自分の車は盗まれて使われたものだ」と言えばよかったのです。そう言いさえすれば、車から別の者の指紋《しもん》が出ないかなど、その方向での捜査は開始されます。ジュリアンに対する容疑はすぐには消えないとしても、並行して盗難《とうなん》車の裏付け捜査も行なわれます。また、いずれにしても、犯行場所のモーテルからは、真犯人の指紋が出ることはあっても、ジュリアンの指紋が出ることはないのですから、あせってアリバイを立証しなければと考える必要はなかったと言えるでしょう。

その意味では、エレベーターに閉じ込められたことで完全犯罪の計画がおじゃんになったという、この映画の謳《うた》い文句については、少々疑問があります。

完全犯罪を狙《ねら》った犯行と死刑

また、完全犯罪までもう一歩のところまでいっていたという前提状況自体も、腑《ふ》に落ちないところがあります。

1階上のベランダの手すりに鉤つきロープを投げて引っかけ、ロック・クライミングのように社長室まで上がるという方法ですが、パリの街中のビルで、こんな目につくことをすれば、誰《だれ》かに目撃《もくげき》される可能性が大です。何より、ロープ伝いに自分の部屋に戻った後、問題のロープをうまく回収する方法がありません。たとえ、ジュリアンが部屋に戻った時にすぐに気づいたとしても、ロープの先端の四つ股《また》の鉤は社長室の階のベランダの手すりに咬《か》み込んでいますから、垂れ下がったロープは下の階からでは外せません。結局、社長の死体のある1階上のフロアまで、ふつうに歩いてまた戻って、それから回収するしかありません。これでは、何のために鉤つきロープを考え出したのか、皆目《かいもく》わからないことになってしまいます。

結局、ロック・クライミングのような姿を外部にさらしたうえ、また、あらためて上の階に戻らなければならないぐらいであれば、単に目立たないように社長室へ行って、犯行後も目立たないように帰ってくる方がましだったかもしれません。

もっとも、そういうことをあまり言い立てるのも興ざめでしょう。ともかく、ジュリアンはジュリアンなりに完全犯罪を狙っていたわけですから、ここではひとまず、完全犯罪崩れという点にスポットを当てて進むことにします。

映画は『死刑台のエレベーター』と銘打《めいう》っていますが、完全犯罪を狙ったのがバレてしまったという場合、それで死刑になることはあるのでしょうか。

完全犯罪を狙って人を殺すというのは、冷酷《れいこく》非情であることは間違いありません。犯行の計画性も、もちろんあります。「バレなければ何をしてもいい」という考え方ですから、規範《きはん》意識はゼロと見られてもやむを得ません。身勝手極まりないとの非難も受けなければなりません。

けれども、実際の裁判では、死刑かどうかの判断に当たっては、もっと客観的なものに重点が置かれます。まずは、被害者の数です。一人殺害か二人殺害かといった事柄《ことがら》です。一人殺害で死刑になるのは、数の上では、ごく例外的です。果たして、その中にジュリアンのような犯罪が含《ふく》まれるのかどうかを見ていきましょう。一人殺害で死刑になるのは、どのような事件なのでしょうか。

「死刑台へのエレベーター」となる犯罪は何か

日本の現在の裁判では、一人殺害で死刑となることがあるのは、身代金《みのしろきん》目的誘拐《ゆうかい》殺人、保険金目的殺人、強盗《ごうとう》殺人の3種に、ほぼ限られています。それも、保険金目的殺人、強盗殺人では、死刑になる確率は統計的にはわずかです。身代金目的誘拐殺人では、わずかとは言えませんが、それでも、半数程度は死刑を免《まぬか》れています。

死刑をめぐる状況は、このようになっています。言い換《か》えると、それ以外の殺人は、統計的には、一人殺害で死刑となることはまずありません。

では、先に出てきた三つのタイプの殺人事件は、それ以外の殺人と、どこで本質的に区別されているのでしょうか。それは、一つには「犯行の計画性」という点であり、もう一つは「金銭目的」という点です。現状は、一言でまとめれば、金目当ての犯行に高度な計画性が認められる時に死刑になることがあると要約できます。

ここから、ジュリアンのような犯罪は、死刑にはならないことがわかるでしょう。いくら完全犯罪を狙ったものであっても、金銭目的とは無縁《むえん》だからです。また、ジュリアンの犯罪は、ジュリアンなりに考えをめぐらしたものだとしても、その実、それは前にも述べたように、たいした計画とは言えないからです。

ここで、死刑の適用を左右する「金銭目的」の意味について、触《ふ》れておきましょう。

ここで言う金銭目的とは、身代金目的誘拐殺人、保険金目的殺人、強盗殺人の意味するところからもわかるように、具体的で、かつ直接的なものが考えられています。いわば、「今、そこにあるリエキ」です。何らかの経済的利益に関係していても、具体性を欠く場合は含まれません。

たとえば、ジュリアンの場合も、動機は社長を殺害して社長夫人との生活をはじめるということですから、それには、その結果いい暮らしをはじめるということも、いかほどか含まれていたかもしれません（社長死亡↓夫人が社長の財産を相続↓夫人とジュリアンの生活に経済的プラス）。しかし、たとえ、そういう心理があったとしても、その心理状態は金銭的欲望というには、あまりにも淡《あわ》く弱いものです。具体性をまったく欠いているために、ここで言うところの金銭目的には含まれません。

「驚愕《きょうがく》のラスト」は、違う意味でびっくり

映画の最後は、ジュリアンの車が盗まれて引き起こされた二番目の事件に関連し

て、車の中にあったカメラが押収《おうしゅう》され、そのフィルムが現像されて、社長夫人とジュリアンのツーショットが現れて終わります。二人の親密な様子が写った写真が現像液の中から浮《う》かび上がり、最初の犯行がばれてしまい、社長夫人も連行されます。

　これは、映像的には見事なのかもしれません。「現像液の中から浮かび上がる二人の姿」、フィルムが犯罪を語っていた――きっと、ルイ・マル監督は、最後に、そんなシャレた落ちをつけたかったのでしょう。

　けれども、筋としては、これも、よくわからないところがあります。社長夫人とジュリアンが親密な関係にあったとしても、それは動機を示すものにすぎません。まさか、映画製作者は、どこかの社長が自殺か何かで死亡した場合、その夫人と親密な関係があった者は、みな殺人の容疑者にされてしまうと思っているわけではないでしょう。その場合、それで夫人まで拘束《こうそく》されてしまうと考えているわけでもないでしょう。

　違う意味で、びっくりという感じのラストになってしまっています。

7　ジャン=リュック・ゴダール『勝手にしやがれ』

無《ぶ》頼《らい》派《は》不良の考えなしの警官殺しは死《し》刑《けい》か

主人公はいとも簡単に警官に発砲《はっぽう》

ジャン=リュック・ゴダールのデビュー作『勝手にしやがれ』は、近代映画史上、ヌーベルバーグの代表格に位置付けられています。即興《そっきょう》演出、自然光を最大限に生かした撮影《さつえい》、本格的な同時録音、ジャンプカットと言われる、切り取るような編集方法。これらの映画手法は、当時画期的と評されました。

『勝手にしやがれ』は、公開と同時に、その斬新《ざんしん》さで大変な話題を呼び、ゴダールは一躍《いちやく》ヌーベルバーグの旗手に躍《おど》り出ました。この映画は、フランス発シネマの新しい波、新感覚のうねりとなって、世界中の映画製作者に影響《えいきょう》を与《あた》えることになったと言われています。ここで取り上げるのは、もちろん、そういった映画論ではなく、物語の筋書き、ジャン＝ポール・ベルモンド演ずる主人公ミシェルの振《ふ》る舞《ま》いと、その犯罪です。

ミシェルの犯罪は、あくまで軽く、明るく、さらりと、そして少し恰好《かっこう》をつけて進みます。ミシェルは、車のカッパライ。今日も盗《ぬす》んだ車を飛ばして、情事の相手のアメリカ娘《むすめ》のもとへ急ぐ。車の中では、意味もなく、ダッシュボードからハジキを取り出し、一人恰好をつけてみる。

前の車に狙《ねら》いを定めて撃《う》つマネ、対向車に向かって撃つマネ、そして太陽に向かって、ぶっ放すマネ。それから、いい気分になってさらにスピードを上げて車を走らせる。と、そこへパトロールの白バイが追いかけてきた。

「白バイなんかに、あの娘とのお楽しみをジャマされてなるものか」――白バイを振り切ろうとするが、盗んだ車は、運悪くエンストを起こしてしまう。わき道にそれて停車したミシェルに、白バイ警官が迫《せま》る。ミシェルは、少し前に弄《もてあそ》んでいたハジキを、そのまま白バイ警官に向けて、ぶっ放した。
警官を撃ち殺しても、ミシェルは特別何も感じないし、何も変わらない。前につき合っていた別の女友達のもとに、金を無心するためだけに、憶面《おくめん》もなく訪ねていく。体よく借金を断られると、その女友達が着替《きが》えをしているすきに、ハンドバッグから金を盗む。パリの繁華街《はんかがい》の百貨店にふらりと入ると、たまたまトイレで居合わせた男のすきをついて金を奪《うば》う。盗んだ車を中古車屋に売りに行って素性をあやしまれると、その中古車屋のオヤジを殴《なぐ》る。勝手気ままに、無頼なふるまいを繰《く》り返します。

最後は、そのツケが回ってきたのか、熱を上げていたアメリカ娘によって警察に密告されます。密告されて、警官に撃たれ、よろめき、路上に倒《たお》れ、様子を見に近寄ってきたアメリカ娘に向かって、「おまえは最低のやつだ」とつぶやくところで終わっています。

旧来のモラルでは、自分こそが「最低のやつ」とされるところなのに、周りに向かって「おまえは最低だ」と言って終わるところが、ゴダールらしさなのかもしれません。ジャン＝ポール・ベルモンド演ずるミシェルのミシェルたるゆえんなのでしょう。

さて、主人公は、追ってきた白バイ警官を射殺していますが、俗《ぞく》に「警官殺しは死刑」などと言われます。まず、この点から見ていきましょう。

実際の裁判では、「警官を殺したら死刑」というようなことは、認められていません。刑事裁判は、あくまで、人命は平等、軽重はないという理念に立脚《りっきゃく》しています。いわば、「天は人の上に人を造らず」です。こういう基本理念からすれば、被《ひ》害者《がいしゃ》が警官だからといって、犯人を死刑にしてしまうことなどできはしません。

もちろん、一般論《いっぱんろん》としては、警官殺しを重く罰《ばっ》しておかないと治安や法秩序《ほうちつじょ》が保たれないということはあるでしょう。けれども、これは治安維持《いじ》という、いわば政策的な観点ですから、これだけで刑をあまり重くすることはできません。ましてや、こういう政策的な理由で死刑にしてしまうことなどできません。

結局、「警官殺しは死刑」というのは、あくまで俗説に過ぎないのです。

警官殺しの刑が重くなる理由

警官殺しは死刑というのは違《ちが》っていますが、無期懲役《ちょうえき》となる例も含《ふく》め、統計的には、ほかの殺人と比べてかなり刑が重くなっているのは事実です。これは、次のような理由からです。

まず、犯行に計画性があるのが常だからです。武器を持っている警官を殺害しようというわけですから、それは当然、計画を練り、よく段取りを決めなければ、おいそれとできることではありません。

また、犯行は確固たる意志に基づいて、高度な実行力をもって遂行《すいこう》されるのがふつうです。簡単に逃《に》げ出したり、あきらめるようなら、最初から警官殺しなど考えないでしょう。

こうして、実際には、過激派が政治的な目的のために、武器を整えて派出所を襲《おそ》うなどというのが、典型例となります。

以上のことを別の角度から言うと、警官殺しが重く罰せられるのは、相手が警官だからとか、治安維持のためという理由よりは、犯行の計画性など、一般的な「重くなる要素」との関係でそうなっているのです。

そこで、ここで重くなる要素一般について触《ふ》れておきましょう。

まず、これまでも、たびたび出てきた「犯行の計画性」があります。この計画性以外にはどのようなものがあるかと言えば、主なものに、犯行の残虐性《ざんぎゃくせい》、執拗性《しつようせい》、凶悪性《きょうあくせい》があります。

たとえば、人にガソリンをかけて焼き殺すような場合は、残虐性ありということになります。もちろん、およそ殺人である以上、すべて残虐、残虐でないものはないと言えるかもしれませんが、人を生きながら焼き殺すような場合は、一段上の突《とっ》出《しゅつ》した残虐性が認められます。刑を決めるうえで、残虐性の観点が、とりわけ重要になります。

人を鈍器《どんき》で何回も何回も殴りつけて殺害する場合を考えてみましょう。このケースは、執拗性ありとなります。この場合も、漠然《ばくぜん》と考えると、残虐とも凶悪とも思えるかもしれません。しかし、つきつめて考えるならば、そのやりくちは執拗性という点に、一番特徴《とくちょう》が現れています。

また、ストーカー殺人というのがありますが、これも執拗性ありとなります。この場合は、犯行のやりくちの執拗性というより、犯行に至る経緯《けいい》を含めた全体としての執拗性が認められます。

強盗《ごうとう》が深夜、人の住居に刃物《はもの》を持って押《お》し入り、有無を言わさず、家人を一撃《いちげき》のもとに刺殺《しさつ》するのはどうでしょうか。このケースは、凶悪性ありとなります。この場合は、執拗性ありとは言えませんが、冷酷《れいこく》無残な犯行の態様から、凶悪性は認められます。

先程、警官殺しの犯行は、確固たる意志に基づき、高度な実行力をもって遂行されることが多いと述べましたが、これは、程度の高い凶悪性が認められるということにほかなりません。

「勝手にしやがれ」的な犯罪は厳罰にならない

　さて、今出てきた重くなる要素との関係で、ミシェルの殺人を見ていきましょう。ミシェルの殺人は、白バイ警官に追いかけられ、追い詰《つ》められて、このままでは盗難車であることがばれると思い、弄んでいた拳銃を思わず一発発砲したものです。これを上記の観点に当てはめた場合、計画性・残虐性・執拗性・凶悪性のいずれにおいても、はっきりとしたものは認められません。

　銃器を用いている点は、凶悪性に位置付けられます。けれども、ミシェルの場合は、先に出てきた「確固たる意志に基づいて高度な実行力をもって遂行する」というところまでは、とてもいきません。つまり、警官殺しによく見られる「程度の高い凶悪性」までは、認められません。

　ミシェルの警官殺しは、ただ盗難車に乗っていたことと、たまたま、白バイ警官にスピード違反《いはん》で追いかけられたことで、場当たり的に行なわれています。さしたる理由も考えもなく、また、必然性もなく、その場の状況次第、いきがかりで行なわれたものです。言ってみれば、「いい加減な殺人」「テキトーな殺人」ですが、こういう殺人は、結果的に、刑が重くならないわけです。

ゴダールも裁判所もヌーベルバーグ

ただ、人によっては、重くならないのはいかがなものかという感じを持つ人もいるでしょう。

『勝手にしやがれ』では、ミシェルは、白バイ警官が来たというだけで発砲し、その後も、行ないを改めるどころか、女友達のハンドバッグから金を抜《ぬ》き取ったり、用足しに入った手洗いで見知らぬ男から金を奪ったり、気に食わない中古車屋のオヤジを殴ったり、果ては、ふわりとした優雅《ゆうが》なスカートを穿《は》いて街を歩いていた女性を見つけると、嫌《いや》がらせで、そのスカートを後ろからたくしあげたりと、相も変わらず、やくざでノーテンキなふるまいを繰り返しています。

当然、健全なモラル、道徳観念、社会倫理《りんり》からは非難を免《まぬか》れません。

しかし、前にも出てきたように、刑事裁判は決して人間性自体を裁くものではありません（☞ **4 異邦人《いほうじん》「『太陽のせい』で人を殺したら、果たして……」**）。

刑罰は、倫理や道徳とは違うのです。裁判でモラルを押しつけるようなことになってはいけません。裁判所は、世間的なモラルとは一線を画さなければならないのです。その意味では、裁判所もヌーベルバーグです。

結局、ミシェルの殺人は、銃器を用いていることや「警官殺しを重く罰しておかないと治安や法秩序が保たれない」という一般的要請《ようせい》を考慮《こうりょ》しても、懲役《ちょうえき》17、18年で収まる公算が大です。

8　スタンダール『赤と黒』

男女関係のもつれによる殺人は軽いか重いか

ベルテ事件――『赤と黒』の実録版

スタンダールの『赤と黒』は、王政復古時代のフランスの政治社会状況《じょうきょう》を背景に、貧しい木挽《こび》き職人の子ジュリヤン・ソレルの野望と恋愛《れんあい》の軌跡《きせき》をとおして、当時台頭しつつあった市民階級の心理を生き生きと描写《びょうしゃ》したものですが、物語の筋自体は、当時の刑事裁判記録から取っています。

それも、スタンダールが活躍《かつやく》していた、まさにその時期にフランスで実際に起きたスキャンダラスな事件をモデルにしています。それは、元神学生のベルテが教会でミシュー夫人を撃《う》って重傷を負わせ、死刑《しけい》になった「ベルテ事件」です。ベルテ事件では、被告人《ひこくにん》は、教会のミサの最中に、跪《ひざまず》いて祈《いの》りをささげる被害者に対してピストルを向けて撃っており、その劇的な犯行状況は、そのまま小説に取り入れられています。

また、犯行の背景事情についても、貧しい鍛冶屋《かじや》の息子ベルテが町の有力者であるミシュー家に家庭教師として入って、夫人と親密な仲になったこと、そのため、ミシュー家を追い出されたこと、ベルテはその後、別の有力者の家に取り入って、そこの令嬢《れいじょう》とも関係したことなど、主要な状況は、すべて、小説のシチュエーションとしても取り入れられています。もちろん、主人公が死刑になる結末も同じです。

ただ、小説と実際の事件では、少しだけ違《ちが》ったところがありました。『赤と黒』では、主人公ジュリヤン・ソレルが被害者（レナール夫人）を撃つことになるきっかけに、夫人が出した手紙のことが出てきます。自分が次に取り入った侯爵《こうしゃく》家《け》宛《あ》てに夫人がジュリヤンの過去を知らせる手紙を出したために、自分の新しい恋愛と栄達の目論見が瞬時《しゅんじ》に崩《くず》れ去り、それに怒《いか》りを爆発《ばくはつ》させて犯行に及《およ》んだことになっています。ところが、実際の事件では、手紙の送り手と受け手とが逆になっていて、犯行前にベルテの方から被害者（ミシュー夫人）に非難の手紙をさかんに送っていました。

『赤と黒』にしてもベルテ事件にしても、結末は死刑《しけい》になっていますが、ここではまず、この判決はどうなのか、日本の裁判だったらどのくらいの刑になるのかを見ていきましょう。

次に、男女関係のもつれによる殺人は、裁判では、どう扱《あつか》われるのかというテーマを取り上げましょう。

そして、最後に、『赤と黒』とベルテ事件を比較《ひかく》しながら、一見わずかな違いと見られる事情が事件の様相を変えてしまうことがあるのを見ていきましょう。

ジュリヤン・ソレルの死刑は時代の産物

『赤と黒』では、ジュリヤン・ソレルはレナール夫人を拳銃《けんじゅう》で撃ち、実際のベルテ事件でも、ベルテはミシュー夫人を撃っていますが、どちらも、被害者はけがを負っただけで、死亡していません。

つまり、これは、殺人罪でも殺人未遂《みすい》罪です。殺人未遂の場合は、殺人既遂《きすい》とは、はっきり区別して考えなければなりません。とにもかくにも命が失われなかったことは、人命尊重という観点からすれば極めて重要なことですから、区別すべきは当然のことでしょう。

それでは、殺人未遂の場合には、殺人既遂に比べると、刑はどれぐらい軽くなるのでしょうか。これは、格段に軽くなる場合から、それほど軽くならない場合まで非常に幅《はば》が広く、一概《いちがい》には言えないところがあります。というのも、一口に殺人未遂と言っても、被害者がまったくの無傷だった場合から、それこそ、瀕死《ひんし》の重傷を負わされた場合まで様々あり、また、用いられた凶器《きょうき》によって、その危険性の程度も大きく変わってくるからです。

無理を承知で目安のために言えば、日本の裁判で多いのは、懲役《ちょうえき》4～5年というところになっています。

『赤と黒』のレナール夫人も、ベルテ事件のミシュー夫人も、けがを負わせられましたが、その後、元気になるまで回復しています。

ですから、『赤と黒』にせよ、ベルテ事件にせよ、死刑などという結論は、とんでもないことがわかるでしょう。ベルテ事件の場合は、小説ではなく実際に死刑にされていますが、これは２００年近くも前の事件だから、こうなったということで理解するほかありません。

殺人未遂のバリエーション

ここで、殺人未遂の刑について、もう少しだけ詳《くわ》しく見ていきましょう。

すでに示唆《しさ》したとおり、殺人既遂に比してどのくらいまで軽くなるかは、「被害者に生じたけがの程度」と「犯行が生命にとって、どれだけ脅威《きょうい》となる行為《こうい》だったか」という二つの事柄《ことがら》の相関関係によって決まります。前者は「結果」であり、後者は「行為の危険性」です。

そして、前者については、①被害者が無傷あるいは軽傷だった場合、③瀕死の重傷や後遺症《こういしょう》が残るほどの重傷を負った場合、②その中間の場合の3段階に大別されます。

後者については、❶凶器が用いられなかった場合（素手で首を絞《し》めるなど）、❷通常の凶器が用いられた場合（鈍器から刃物《はもの》まで）、❸通常ではない凶器が用いられた場合（銃器など）に三分されます。

未遂の場合、裁く者にはこの二つの観点をバランスよく考えることが求められます。その意味では、殺人既遂の場合以上に刑を決めるのが難しいとも言えます。

たとえば、凶器を用いなかった例として、幼児の首を絞めて瀕死の重傷を負わせた場合を考えてみましょう。このような場合、凶器が用いられなかったとしても、それにどれほどの意味合いがあるか、疑問に感じる人もいることでしょう。けれども、幼児を刺《さ》して瀕死の重傷を負わせるケースなどもあるわけですから、刑を決めるうえで凶器を用いたかどうかを見逃《みのが》してしまうのは、やはり、まずいわけです。

反対に、銃を乱射したけれども被害者がたまたま無傷だったという場合を考えてみましょう。このような場合は奇跡的《きせきてき》に助かっただけだから、殺人既遂と比べてたいして軽くする必要はないと考える人もいるかもしれません。けれども、いくら銃が乱射されたとはいえ、まったく無傷だった場合を死亡した場合とたいして違わないとするのは、やはり、いきすぎです。

結局、上記の「結果」と「行為の危険性」の相関関係の中で、組み合わせ分類により（①―❶から③―❸まで）、未遂全体の中における位置付けを正確に把握《はあく》することが重要になります。前に、日本の裁判で多いのは懲役4～5年と述べましたが、これは、被害者の負傷の程度が中間の場合で、通常の凶器が用いられた場合のことです（②―❷）。

さて、「赤と黒」のジュリヤン・ソレルやベルテ事件に戻《もど》りましょう。

これらの未遂では拳銃が用いられています。どちらの事件でも、被害者はけがを負わせられましたが、その後、回復しています。これを前記の「結果」と「行為の危険性」による組み合わせ分類に当てはめてみましょう。この場合、②―❸分類（結果＝中程度、行為の危険性＝通常ではない）となります。

ですから、これらの未遂では、刑の目安は、懲役4～5年ではなく、もっと重くなり、懲役8～9年というところになります。

男女関係のもつれによる殺人は軽くなる

殺人事件や殺人未遂事件であっても、男女関係のもつれによるものは、裁判では一般《いっぱん》に軽くされる傾向《けいこう》があります。

これは、男女無理心中などを考えればよくわかります。無理心中というのは、相手の意思を無視して手にかけ、一緒《いっしょ》に死のうとするものですから、相手の命を奪《うば》うことには変わりなく、殺人罪に問われることになります。けれども、これが、ふつうの殺人とは色合いが違うことは明らかでしょう。無理心中を図って死にきれなかった者を単純に凶悪殺人犯扱いするわけにはいきません。「残虐《ざんぎゃく》非道《ひどう》な人殺し」というよりは、「それほど思いつめていたのか」ということになります。

無理心中まで行かなくとも、男女間の関係というのは、多少なりとも目が見えなくなっている（「恋《こい》は盲目《もうもく》」）という状態があります。また、必ずと言っていいほど、そこには人間らしい葛藤《かっとう》が見られます。さらに、男女関係がもつれた場合には、愛情や憎悪《ぞうお》の感情が入り乱れ、感情が激した状態になるのが一般であり、冷静な判断ができなくなるのが世のならいと言えるでしょう。

こういう理由で、男女関係のもつれによる事件は、一般的に軽くされるわけです。

これを『赤と黒』のジュリヤン・ソレルで見ていきましょう。

レナール夫人との関係を清算してパリに出たジュリヤン・ソレルは、侯爵家の令嬢を誘惑《ゆうわく》して、巧《たく》みに大貴族の侯爵家に取り入ります。高貴な身分の令嬢との恋愛をものにして、思い描《えが》いていたとおりの形で出世の階段に足をかけますが、まさに栄光へのステップを踏《ふ》み出そうとしたその時に、レナール夫人が侯爵へ手紙を送り、ジュリヤンの過去の行状を知らせたために、ジュリヤンの栄達への夢は露《つゆ》と消えます。

レナール夫人からの手紙を新しい恋人《こいびと》から見せられたジュリヤンは、怒りのあまりパリを飛び出し、日に夜をついでレナール夫人のいるヴェリエールの町まで急行すると、そこで拳銃を買い求め、その足で日曜のミサの行なわれている教会に向かい、すぐにレナール夫人を撃ちます。

これは、一時の激情に駆《か》られた行為ですから、衝動的《しょうどうてき》殺人か計画的殺人、どちらかと言えば、衝動的殺人ということになります。

犯行の動機はどうでしょうか。ジュリヤンの憤激《ふんげき》には、自分の出世が妨害《ぼうがい》されたことに対する強い怒りも含まれていますが、全体として見れば、男女関係のもつれと言えるでしょう。ジュリヤンが憤激して、ただちにレナール夫人の殺害を決意したのは、それがかつての自分の恋人からの邪魔《じゃま》立てだったからに違いありません。その心理には、男女関係が色《いろ》濃《こ》く影《かげ》を落としています。この殺人を単に出世の野望をくじかれたことに対する復讐《ふくしゅう》とみなすことは、適切とは言えません。

以上からすれば、ジュリヤン・ソレルの場合は、結局、「男女関係のもつれによる衝動的殺人未遂」ということになります。結局、その最終的な刑は、目安としての懲役8～9年（殺人未遂②——❸分類）より軽くされます。

男女関係のもつれによる殺人が重くなる場合とは

それでは、実際の事件、ベルテ事件の方はどうでしょうか。

スタンダールは、ベルテ事件の筋をほぼそのまま使って、『赤と黒』のストーリーを組み立てています。ただ、前にも出てきたように、手紙の点だけが違っています。実際の事件では、ミシュー家を追い出された後、ベルテの方からミシュー夫人に対して手紙を出しています。自分の不幸はミシュー夫人のせいだとする手紙を何通も送っていました。

そして、ついには「このままでは大きな事件を起こすことになる」という手紙を出し、実際にミシュー夫人を撃つという事件を引き起こします。

こうなると、事件から受ける印象が、だいぶん変わってくるでしょう。

この場合は、男女関係のもつれといっても、「逆恨《さかうら》み」の様相を呈《てい》してきます。こういう場合には裁判での扱《あつか》いも変わってきて、刑が軽くされるのではなくて、逆に重くされます。男女関係のもつれでも、そのもつれ方が逆恨みのような場合には、刑は重くなるのです。

こうして、裁判という目で見た場合、スタンダールの『赤と黒』とベルテ事件では、実は、大きな違いが出てきます。もともと、男女関係というのは微妙《びみょう》なものがあるだけに、男女関係のもつれによる殺人事件というのは、微妙な事情の違いで、大きく事件の見方が変わってくることがあるわけです。

それではどうして、ベルテ事件のように逆恨みの形を取った場合には、刑を重くすることができるのでしょうか。

広い意味では、この場合も、男女関係のもつれによるものに違いありません。前に、男女関係のもつれによる殺人が軽くされる理由として、「目が見えない状態」になっているとか、心理的な葛藤があるとか、感情が激して冷静な判断ができないなどの事柄が出てきましたが、これらも同じことでしょう。たとえ逆恨みであろうが、本人にしてみれば、こういう状態になっているに違いありません。それなのに、この場合は、なぜ軽くならないで重くなるのでしょうか。

それは、刑を重くする要素の一つに「犯行の執拗性《しつようせい》」があるからです。逆恨みによる犯行は、この「執拗性」ありと判断されることが多いわけです。これまでに、しばしば、重くなる要素として「犯行の計画性」というのが出てきましたが、それ以外にも、重くなる要素には、犯行の残虐性・執拗性・凶悪性などがあります。これは、前回も出てきました（☞ **7 勝手にしやがれ「無頼派《ぶらいは》不良の考えなしの警官殺しは死刑か」**）。

ベルテ事件では、ベルテはミシュー夫人のせいだとする手紙をさかんに送りつけ、さらには事件を予告するような手紙を出し、最後には実際に事件を引き起こしました。この一連の経過で、その犯行は「執拗性」ありと見られることになります。

犯行の執拗性というのは、重くなる要素としては、かなり強いものですので、この種の犯行は、男女関係のもつれということでは軽くなる要素を蔵しているものの、最終的なプラス・マイナスの結果は重くなる方に出るというわけです。

現代では、男女関係のもつれに関連して、ストーカーというものがあります。ストーカーの場合（ストーカー殺人）は、もちろん刑は重くなります。ストーカーは、執拗性が認められる最たるものと言えます。ストーカーには強い「犯行の執拗性」

が認められるために、男女関係に起因していても、刑が大幅に重くなるのです。

9 フランシス・フォード・コッポラ『ゴッドファーザー』

マフィア、暴力団にかかわるバイオレンス殺人

暴力団同士の殺人は軽くなるという不思議

ニーノ・ロータのせつなくも甘《あま》いメロディーをバックに映し出されるマフィアの殺戮《さつりく》シーン。画面には、容赦《ようしゃ》のない暴力がさく裂《れつ》し、乱射される銃弾《じゅうだん》と血しぶき、そして転がる死体の連続。映画『ゴッドファーザー』は、世界中で大ヒットし、記録的な興行成績を上げました。

日本映画でも、ほぼ同時期に、暴力団抗争《こうそう》を扱《あつか》った深作欣二《ふかさくきんじ》監督《かんとく》『仁義なき戦い』が製作され、これも国内で爆発的《ばくはつてき》な人気を呼び、シリーズ化されています。

どこか、暴力団とか、マフィアというのは、われわれ現代人にとって、失われた何かを呼び覚まさせられる存在なのかもしれません。建前では、「暴力反対」とか、「暴力団根絶」などと言ってはいても、やはり、むき出しの力の世界に対する興味は抑《おさ》えきれません。世の中、慎重《しんちょう》居《こ》士《じ》や聖人君子ばかりだとしたら、それはそれでつまらないものかもしれません。

それに、一般市民に危害を加えないのであれば、暴力団同士で血の抗争や仁義なき戦いを繰《く》り広げても、「勝手にやってくれ。こちらは見物に回るから」という面もあるでしょう。

そういうわけで、いや、そういうわけかどうかは別にして、実は、暴力団同士の抗争は刑《けい》が軽くなるということが裁判の世界でもあります。殺人としては軽くされるという傾向《けいこう》があります。法務省の公式の資料にも、三人以上殺害でも死刑とならない例外的な場合として、「一家無理心中」などと並んで「暴力団抗争」が挙げられているほどです。

これはどうしてかというと、もちろん加害者側の暴力団員を優遇《ゆうぐう》するというわけではなく、被害者《ひがいしゃ》となった暴力団員の命はそれほど尊重に値しないからというのでもなく、お互いが命のやり取りをしているからです。つまり、たまたま加害者になったというだけで、一歩間違《まちが》えれば自分が殺されていてもまったく不思議はないという状況があるからです。

暴力団やマフィアというのは特殊《とくしゅ》集団ですから、これらが起こす事件にも特殊な色合いが出てくるわけです。そして、その現れ方には、今見たように、なかなか微《び》妙《みょう》なところがあります。

日本の場合、殺人事件の中で暴力団が何らかの形で関係しているものが、かなりの数を占《し》めています。ここでは、暴力団員が関係する殺人事件のいろいろについて見ていきましょう。

暴力団員による一般《いっぱん》市民の殺害は当然厳罰《げんばつ》

暴力団抗争の場合は軽くされるということを述べましたが、これは、暴力団員同士の殺人であることが前提になっています。一般市民を巻き込《こ》んだ場合は、もちろん別です。こうなった場合に軽くする理由はありません。

これまで、一般市民が巻き込まれた例には、対立する暴力団幹部が入院している病院に殴《なぐ》り込みをかけ、病室を間違えて一般市民を殺害したもの、対立する暴力団幹部が引っ越《こ》したことに気づかず、そのアパートに殴り込みをかけ、新しく引っ越してきていた一般市民を殺害したもの、広域暴力団の大幹部のタマを取るためにターゲットのいるホテルのラウンジで拳銃《けんじゅう》を発射し、ラウンジにいた一般の客に流れ弾《だま》を当てて死亡させたものなどがあります。

多くは、暴力団員の方にも一般市民を巻き込むまでのつもりはなく、広い意味での「誤射」「誤殺」となっていますが、もし、一般市民を巻き込んでもかまわないという意思まであった場合には、これは、もちろん、軽くされないというレベルではなく、厳罰ということになります。一般市民を含《ふく》め、複数死者が出ている場合には、まず死刑《しけい》を免《まぬか》れません。

以上は、あらためて理由を述べるまでもなく、当然のことでしょう。

映画『ゴッドファーザー』や『仁義なき戦い』シリーズでも、一般市民にまで害を及《およ》ぼす場面は、ほとんど出てきません。それだからこそ、こちらも楽しめるわけで、マフィア映画、暴力団映画がヒットするための第一条件と言えるかもしれません。

市民による暴力団員逆殺事件は？

暴力団員が一般市民の命を犠牲《ぎせい》にした場合は、厳罰で問題ないでしょうが、では、その逆はどうでしょうか。一般市民が暴力団員を殺害した場合はどうなるかということです。

「そんなことは現実には起こらないだろう」と思うかもしれませんが、そうでもありません。それはなぜかというと、一般市民が暴力団員に脅《おど》されたり、恐喝《きょうかつ》されるというのはよくあることですが、脅されたり、恐喝されたりしていた側が、ある時点でキレて、殺害に転じるということがしばしばあるからです。それまで抑えに抑えていた感情が一点を超《こ》えて爆発、「もうどうにでもなれ」と暴力団員を逆殺するに至る場合があるわけです。

実際にあった一般市民による暴力団員逆殺事件として有名なものに、一般市民が暴力団員二人を殺害した大阪《おおさか》二人殺害事件があります。

この事件ですごいのは、刃物《はもの》を持った暴力団員に一般市民が素手で立ち向かい、逆に刃物を取り上げて刺殺《しさつ》している点です。

これは、たまたま暴力団幹部と知り合いになったまともな働き者が、その暴力団幹部から日常的に脅されるようになって起こした事件です。この事件の被告人は、タクシー運転手をやりながら自分の会社を興した働き者でしたが、妻が内助の功でやっていたスナックに客として出入りしていた暴力団幹部とたまたま同郷だったことで顔見知りとなり、最初のうちは、ふつうの知人としてのつき合いをしていたものの、そのうち、暴力団幹部の方が、妻のスナックの飲食代を踏《ふ》み倒《たお》す、自分の「呑《の》み」に被告人を無理につき合わせる、「呑み」で被告人のことを酒の肴《さかな》にして馬《ば》鹿《か》にしたり、晒《さら》し者にする、妻の前で被告人を殴《なぐ》るなどの振《ふ》る舞《ま》いに及ぶようになり、とうとう些細《ささい》なことに因縁《いんねん》をつけ、補償金《ほしょうきん》名目で被告人に多額の金を要求し、「払《はら》わないなら殺して埋《う》めてやる」と脅迫するに至ったといういきさつがありました。

その日、被告人は深夜にたたき起こされて、その暴力団幹部から呼びつけられ、幹部の手下の組員と二人がかりで、朝方に至るまでネチネチといたぶられます。そして、とうとう最後に、被告人がキレて逆襲《ぎゃくしゅう》に及んだものでした。犯行は、まず、暴力団幹部を自分が乗ってきていた車で吹《ふ》き飛ばし、次いで、車を降りると、刃物を手に持って構えていた手下の組員に素手のままで駆《か》け寄り、刃物を奪《うば》い取るや、あっという間に刺殺したというものでした。

この大阪二人殺害事件では、被告人は懲役《ちょうえき》10年となっています。一般には、二人殺害の殺人事件は、「死刑か無期懲役か」というところですから、かなり軽くなっていることがわかるでしょう。もっとも、軽くて当然、もっと軽くてもいいという意見もあるかもしれませんが。

暴力団員の命の重さは一般市民より軽いか

それでは、一般市民が暴力団員を逆殺したこのような事件は、なぜ大幅《おおはば》に軽くできるのでしょうか。

もともと刑事裁判は、「命の重さは平等」という理念に立っています。暴力団員だからといって、その命の重さは一般市民よりも軽いとすることはできません。前にも出てきましたが、殺された被害者の命の重さを云々《うんぬん》するようなことはできません（☞**7 勝手にしやがれ「無頼派《ぶらいは》不良の考えなしの警官殺しは死刑か」**）。

この場合の根拠《こんきょ》は、「被害者の落ち度」ということになります。前に、標準的な殺人事件の要素として「被害者に落ち度がない」という項目《こうもく》があって、その反面として、被害者に落ち度があるケースでは刑は軽くなるということが出てきました（☞**2 ウエスト・サイド物語「『ふつうの殺人』とは何か」**）。今出てきた大阪二人殺害事件は、暴力団員が二人がかりで脅していたわけですから、殺された暴力団員の側に落ち度があったということになります。それも最大級の落ち度があったと言えます。そのため、被告人の刑は大幅に軽くなるというわけです。

ここでの問題の要点は「被害者の落ち度」であって、決して被害者の命の軽重ではありません。それは、次の事件を見ても、よくわかるでしょう。

「怖《こわ》いもの知らず」で知られた行田の夫婦強盗《ごうとう》殺人事件があります。これは、たまたま一晩、暴力団組長宅に泊《と》めてもらった無宿の若者が、その組長が多額の現金を家に置いているのを知って、後日、組長宅へ強盗に入ったという事件です。

その若者は、何をやっても長続きせず、当時は知人宅などを泊まり歩いていましたが、伝手《つて》を頼《たよ》ってある暴力団組長に渡《わた》りをつけ、「若衆にしてください」などと言って、家に泊めてもらうことに成功します。組長夫婦は、若者の言葉を真に受け、ご馳走《ちそう》なども用意して歓待《かんたい》して泊めてやりますが、翌朝、この若者は、「お礼に、組長の外車を洗車してくる」と言って、そのまま組長の高級外車に乗って行方《ゆくえ》をくらまします。

それだけならまだよかったのですが、しばらくして手元の金が底を尽《つ》いたころ、組長宅で泊めてもらった時に、偶然《ぐうぜん》目にした多額の現金のことを思い出します。組長が家にタンス預金していたものでしたが、これを取りに組長宅へ強盗に入ることを思いつきます。深夜、組長宅へ押し入り、組長と極妻《ごくづま》を刺殺して金を奪いました。この事件の場合は、被害者の暴力団組長と極妻には、まったく落ち度はありません。「親切にしてやった」ぐらいの話です。

これは、二人殺害の強盗殺人事件ということになりますが、この事件の場合、検察の求刑は死刑、裁判所の判決は無期懲役でした。裁判における通常の範囲《はんい》と言えるでしょう。一般市民の暴力団員逆殺事件でも、被害者の暴力団員に落ち度がなければ、暴力団関係者だというだけで不利に扱うようなことはできないわけです。

一般市民の側に落ち度がある場合

一般市民による暴力団員逆殺事件ではなくて、再び、暴力団員による一般市民の殺害事件に戻りましょう。

「被害者の落ち度」という論点に関連して、被害者となった一般市民の側に落ち度があったらどうなるでしょうか。

　前に、「暴力団員による一般市民の殺害は厳罰」というのが出てきました。これは、当たり前のように思われますが、一般市民の側に落ち度がある場合でもそうでしょうか。それとも、この場合は、暴力団員の刑は軽くなるのでしょうか。

　実際の事件で有名なものに、一般市民が暴力団員二人にからんだ奈良《なら》のテニスショップ店員殺害事件があります。これは、一般市民の方が地元の暴力団員二人に街で声をかけ、自分は広域暴力団の〇〇組の組員だと名乗り、トラブルを招いた事件です。

　最初は広域暴力団〇〇組の名前を出されてビビっていた地元暴力団員の二人でしたが、そのうち被害者の嘘がばれ、怒った暴力団員二人は、被害者を車のトランクに押《お》し込《こ》み、人気のないところへ連れていってヤキを入れようとします。ところが、車を停めてトランクを開けてみると、被害者は震《ふる》えているかと思いきや、逆に、トランク内にあった特殊警棒を振《ふ》り回しブルース・リー張りに向かってきます。向かってこられた二人は「ヤクザをなめんなよ！」で激昂《げっこう》、当初はヤキを入れるだけのつもりでしたが、とっさに殺意を生じて二人がかりで殺害してしまったという事件でした。

この事件では、裁判所は、一般市民の被害者が「自分は○○組の組員だ」などと虚勢を張ったことや、ブルース・リー張りに特殊警棒を振り回して向かっていったことは、被害者の落ち度として重視すべきではないとして、ほぼ通常の殺人の刑(一人に対して懲役13年、もう一人に対して懲役16年)を言い渡しています。

これは、もともと、暴力団員による一般市民の殺害として厳罰になるべきところ、被害者にも事件を招いたという面があるから、標準的な殺人の刑を科すといったところでしょう。また、反面では、いくら「被害者の落ち度」はあるとはいえ、「標準」より軽くすることはできないということでもあります。

10 アーサー・ペン『俺《おれ》たちに明日はない』

未成年者の凶《きょう》悪《あく》犯罪はどう裁かれるか

実在の人物だったボニーとクライド

アーサー・ペン監督《かんとく》『俺たちに明日はない』は、主人公二人に87発の銃弾《じゅうだん》がストップモーションで撃《う》ち込《こ》まれるラスト・シーンで有名です。蜂《はち》の巣となって転がった若い男女。ボニーとクライドは実在の人物で、ほぼ映画のとおりの死に方をしました。ボニー&クライドがアメリカ西南部を荒《あ》らし回って13人もの人を殺したのは、１９３０年代、大恐慌《だいきょうこう》時代のことでした。

この二人のうち、男の方、クライドは、テキサスの農家の6番目の子供として生

まれています。農作業に忙《いそが》しい両親に代わって、姉に育てられますが、姉を含《ふく》めて兄弟そろって学校嫌《ぎら》いだったため、姉たちと学校にも行かずに遊びまわり、少年期になると、周辺の商店から商品を取ったり、車を盗《ぬす》んだり、さらにはガソリンスタンドを襲《おそ》うなどという強盗《ごうとう》まがいのこともしはじめて、近隣《きんりん》の鼻つまみ者になります。田舎《いなか》の社会からもはみ出した半端者《はんぱもの》でした。

一方、女性主人公のボニーは、3歳《さい》の時に父親を亡くして、祖母の家で育ち、16歳で結婚《けっこん》して、カフェでウエイトレスとして働いていました。こちらは、学校を出る間もなく所帯を持ち、まだ若いというのに生活に追われていた田舎の平凡《へいぼん》な女でした。

ボニーとクライドが出会ったのは、19歳と20歳の時。ボニーは、クライドの危険な男の魅力《みりょく》にひかれ、運命的なものを感じ取り、即座《そくざ》に男と行動を共にすることを決めます。自分を田舎の退屈な生活から救い出してくれる救世主のように思ったのかもしれません。

クライドは、そういうボニーを片手で抱《かか》え上げ、自分の車まで運んでいきます。

クライドは、ボニーによって、自分が受け入れられ、満たされるのを感じます。はじめて、自分の存在価値を確かめることができたのかもしれません。そして、それからは、二人で破滅《はめつ》への道をひたすら疾走《しっそう》していきます。

『俺たちに明日はない』は、二人の短い青春を時に暴力的、時にクールに描いています。破滅するのがわかっていながら、瞬間《しゅんかん》の命のきらめきを求めて、短い破滅への道を選んで突《つ》き進んでいったところに美学があるのでしょう。

ところで、この「美学」を感じるためには、主人公の二人が若い男女でなければなりません。これが絶対条件でしょう。中年の男女では、サマにもならなければ、シャレにもなりません。映画にもなりません。もし、いい年をした夫婦が同じことをやったとしたら、単に死刑《しけい》で終わりでしょう。

考えてみると、これは、少年法の理念に一脈通ずるところがあります。若い男女ならばよくて中年以上では絶対ダメというのは、その若い男女の中に、単なる犯罪者とは違《ちが》うものを見ているからです。分別がついてしかるべき年代の夫婦が同じことをやれば、ただの強盗殺人犯で、凶悪《きょうあく》極まりないだけですが、それがまだ若い男女となると違う可能性が見えるわけです。これこそが「更生《こうせい》の可能性」で、少年法の根拠《こんきょ》となるものにほかなりません。将来は、そこに今の姿とは別の姿があるというわけです。

若さではもっと上をいく映画『地獄《じごく》の逃避行《とうひこう》』

ところで、年少者の凶悪犯罪ということで言えば、『俺たちに明日はない』よりもっと若い男女のバージョンもあります。

それは、テレンス・マリック監督『地獄の逃避行』（原題『バッドランズ』）で、こちらの映画で描《えが》かれた殺人行は、実際にあった19歳の少年と14歳の少女の事件をモデルにしています。19歳のチャールズと14歳のキャリルが、アメリカ中西部のネブラスカ州からワイオミング州にかけて8日で10人を殺害した事件です。

この事件の主犯・チャールズは、生来言語障害があって、兄とともにゴミ収集の仕事をしていましたが、事件後に、次のような述懐《じゅっかい》を残しています――「こんな仕事をしながらこれから40年生きるのか。おれがおれであるだけで、それだけで愛してくれる女がいるなら、そいつと一週間、思うままに過ごして死んだ方がましだ」と。

これは、少年犯罪の心理の一つの典型を示していると言えるでしょう。

誰《だれ》しも、少年時代、自分に絶望した時などに、これに近い思いを抱いたことがあるのではないでしょうか。自我が確立する前の不安定な状態には、苛《いら》立《だ》ちと失望がつきものです。そして、思考の飛躍《ひやく》も。

仕事の意味や社会で生きていくということがどういうことかを知るには、幼すぎたとも言えます。若すぎたのです。

少年の凶悪犯罪と裁判員

しかし、もちろん若いからといって、それで許されるものではありません。『地獄の逃避行』の主人公のモデルとなったチャールズは、殺人行の途《と》中《ちゅう》で逮《たい》捕《ほ》され、裁判で死刑になっています。

いくら少年犯罪に青春の発露《はつろ》としての思い違いや、そのための暴発という面があるとしても、その青春の犠牲《ぎせい》になって殺される側は、たまったものではありません。犯罪被害《ひがい》という、もう一つの大きな課題が立ち現れてきます。

裁く者には、被告人の更生《こうせい》の可能性と犠牲になった被害者の尊厳との間で、どう兼《か》ね合いをつけるのかが問われることになります。

ここでは、まず、少年の凶悪犯罪について、法がどうなっているかを見ていきましょう。

今の日本の刑法、少年法の下では、

①14歳未満の少年は、いくら凶悪な犯罪を行なっても、罪にはなりません。犯罪として成立しません。無罪です。ただし、無罪放免《ほうめん》ではなく、家庭裁判所によって、適切と考える措置《そち》が取られ、その措置の一つとして、少年院に送られることもあります。

②14歳以上であれば、犯罪が成立することは成人と同じです。ただ、実際には、

刑事裁判にかけられずに、今出てきた家庭裁判所の措置で済むこともあります。刑事裁判にかけるかどうかは、家庭裁判所が決めます。

③刑事裁判にかけられた場合でも、18歳未満であれば、死刑を科すことはできません。被告人が18歳未満の場合は、いくら凶悪な犯罪で何人殺そうとも、死刑はありません。無期懲役《ちょうえき》が最高刑になります。

さて、裁判員は、刑事裁判に参加するものですから、直面するのは、上記の区分で言えば、③の場面です。

刑事裁判は、家庭裁判所ではなくて地方裁判所で行なわれます。漫画《まんが》に『家裁《かさい》の人』（毛利甚八《もうりじんぱち》作、魚戸《うおと》おさむ画）というのがありましたが、上記の②までは、その「家裁の人」（＝「家裁の人」）の領域で、③は、いわば「地裁の人」の領分になります。

言い換《か》えれば、裁判員は、「地裁の人」として、「家裁の人」などよりも、ずっと重大な判断を担当するとも言えます。

少年の刑事裁判の中身のことに移りましょう。今述べたところからもわかるように、裁判員は、当の事件で被告人が18歳未満であれば、死刑の判断を迫《せま》られることはありません。したがって、実際に、少年に対して死刑の当否が問題になるのは、被告人の年齢《ねんれい》で言うと、18歳以上20歳未満の場合です。少年の凶悪犯罪について、よく「未成年者に死刑を適用できるか」という言い方がされますが、そこで言う未成年とは、18歳、19歳のことを指しているわけです。

未成年者が死刑になる時

前に、死刑適用基準の大枠《おおわく》として、「死刑になるのは三人以上殺害した場合で、二人殺害では死刑になる場合とならない場合がケースごとに判断され、一人殺害では原則的には死刑にはならない」というのがありました（☞ **1 罪と罰《ばつ》「ラスコーリニコフを裁く」裁判一口メモ　死刑の基準――★★**）。

これは成人の場合ですが、被告人が未成年（＝18歳、19歳）の場合にはどうなるか、これも一言でまとめてみましょう。

大まかに言えば、「三人以上殺害した場合は成人と同様に死刑になるが、二人殺害では死刑は原則的に回《かい》避《ひ》され、一人殺害では絶対に死刑にはならない」といったところです。

言い換えれば、「未成年者と死刑」という深刻な問題の中でも、とりわけ裁く者にとって問題が深刻化するのは、今の大枠の真ん中の場合、未成年者による二人殺害の場合です。

マスコミをにぎわし、社会的にも大きな問題となった事件に光《ひかり》市《し》の母子殺害事件（１９９９年）があります。この事件の被告人は、よく知られているように、18歳の少年でした。被害者は若い主婦と赤ん坊《ぼう》の二人でした。

この事件で、なぜそうまで死刑の適用が問題となったかと言うと、それは未成年者による二人殺害の事案だったからです。死刑の余地があるとともに、この少年だけ「例外」として死刑にしてしまっていいかどうかで、一審《いっしん》から最高裁まで、もめにもめたわけです。この事件は、被告人が婦女暴行目的で主婦を襲《おそ》って殺害し、挙句にかたわらで泣いていた赤ん坊まで殺したというものですから、事案の内容だけで死刑で当然と思う人もいるかもしれません。

けれども、被告人が未成年の場合には、事案の中身だけで死刑を当然視することはできません。二人殺害の場合は、あくまで死刑は例外なのです。仮に、事案の内容は死刑相当だとしても、この被告人には「例外」と言えるほど、更生の可能性がないのかが問われます。この少年は18歳を30日過ぎただけの年齢でしたが、その若さにして、もはや今後の可能性なしと言い切れるかどうかということです。

実は、これまでに、同じ未成年者による二人殺害の場合で、考えようによっては、この事件よりも、もっと悪質と思われる事例もいくつかありました。明らかに、もっと計画性が高く、残虐性《ざんぎゃくせい》や凶悪性においても、光市の事件に劣《おと》らない事案が複数あったのです。それでも、すべて死刑は回避《かいひ》されてきました。

その中には、被告人が暴力団の準構成員だったケースもあります。光市の母子殺害事件の被告人は、暴力団などとは何の関係もありませんし、前科前歴もありません。それでも、なお、今後の更生の可能性はまったくないと言えるか――その点で混迷を極めたわけです。

ボニーとクライド、チャールズとキャリル。光市の事件の少年。

「誰《だれ》には更生の可能性があって、誰には更生の可能性はない」、そういうことを人間が判断するのは無理があるのかもしれません。それでも、「誰は生きるべきで、誰は生きるべきではないか」を決めなければならないとすれば、それは「被害者の数」や犯行の計画性・残虐性・執拗性《しつようせい》・凶悪性など、客観的なものを拠《よ》り所にして決めるほかないのかもしれません。

11 ジョナサン・デミ『羊たちの沈黙《ちんもく》』

ハンニバル・レクター博士と責任能力

モデルとなった二つの猟《りょう》奇《き》的《てき》事件

猟奇的な連続殺人事件の捜査《そうさ》に行き詰《づ》まったFBI。そのころ、たまたま、主人公の新人女性捜査官（訓練生）は、やはり連続して猟奇的殺人事件を犯して収監《しゅうかん》されているハンニバル・レクター博士を面接調査のために訪れる。ふとしたきっかけで生まれた主人公とレクター博士の微妙《びみょう》な触《ふ》れ合い。主人公はレクター博士の助言を得て、暗礁《あんしょう》に乗り上げた猟奇的殺人事件の解決に挑《いど》む。

ジョナサン・デミ監督《かんとく》の『羊たちの沈黙』（原作はトマス・ハリスの同名小説）

は、世界中で大ヒットしました。また、レクター博士を演じたアンソニー・ホプキンスは、この作品でアカデミー賞主演男優賞を受賞しています。

この物語では、主人公の女性訓練生とレクター博士との「心理の襞《ひだ》の感触《かんしょく》」とも言うべき、内面の意識の流れが一つの特色になっています。それは、ある時は、元精神科医と心理学を専攻した者との共感であり、ある時は、殺人者と捜査官との心理的な駆《か》け引きであり、時には、精神障害の男と健全な若い女性との間のいわく言い難い空気だったりします。

この二人の移ろいながら変化する心の動きをバックに、主人公が「バッファロー・ビル」と呼ばれる正体の見えない猟奇殺人犯に次第に肉迫《にくはく》していくところが、この作品の魅力《みりょく》と言えるでしょう。事件解決へと至る過程にしても、この作品の場合、捜査官が犯人を追い詰めていくというより、新人の女性訓練生が異常な猟奇世界に引きずり込《こ》まれていくという色調が強くなっています。

そして、ここでは、バッファロー・ビルの犯行自体の異常性もさることながら、主人公に力を与《あた》えるレクター博士自身も異常な殺人者であり、その実体験をもとに猟奇殺人犯から捜査官が助言をもらうという、異常ずくめの設定となっています。

ところが、この異常極まりない世界観は、実は、単に映画や小説の中だけのことではありません。『羊たちの沈黙』は、半ば実話に基づいたものです。この映画の原作は、アメリカで実際に起きた二つの事件をつなぎ合わせ、合体させて作られています。

その実際の事件というのは、一つは、近代犯罪史上最多殺人と言われたヘンリー・リー・ルーカスの事件で、ヘンリー・ルーカスは、推定「３６０人殺し」、起《き》訴《そ》件数で９人殺しの快楽殺人犯でした。彼《かれ》は、もちろん死刑《しけい》判決を受けましたが、ＦＢＩがその異常心理を探究して未解決殺人事件の犯罪捜査に用いようとしたため、死刑執行《しっこう》を免《まぬか》れ、寿命《じゅみょう》をまっとうしました。ＦＢＩに助言を与える見返りに、ジョージ・ブッシュ大統領（当時テキサス州知事）から死刑執行の延期を得たのです。この姿が、「ＦＢＩが頼《たよ》りにする死刑囚《しゅう》、ハンニバル・レクター博士」として描《えが》かれました。

もう一つは、エド・ゲインの事件で、ゲインは『羊たちの沈黙』のバッファロー・ビルと同じことを現実にやっていました。彼の自宅の内部は、『羊たちの沈黙』で描かれたとおりになっていたのです。この事件は、アメリカ北西部ウィスコンシン州の片田舎《かたいなか》で、ある日突然、白日のもとにさらされたものです。現代的な「病めるアメリカ」とは、まったく無縁《むえん》と思われていた土地柄《とちがら》と、そこの住人たち。そして、当のエド・ゲイン自身も、それまでは地域に溶《と》け込み、礼儀《れいぎ》正しい堅実《けんじつ》な人物と見られていました。古き良きアメリカを思わせる土地と人々の中で、日常、人知れず、これだけの猟奇的な犯罪が進行していたのです。

　さて、ここでは、異常な殺人にはどのようなものがあるかを概観《がいかん》したうえで、ハンニバル・レクターやバッファロー・ビルのような超《ちょう》異常な殺人者は裁判でどう裁かれるのかということを見ていきましょう。

異常な殺人のいろいろ――通り魔《ま》殺人、動機なき殺人、快楽殺人

「殺すのは誰《だれ》でもよかった」などという言葉で象徴《しょうちょう》されるものに、通り魔殺人や無

差別殺人があります。

これらは、およそ、次のような特徴を有するものと言われています。つまり、社会的に疎外《そがい》された状況《じょうきょう》にあって、深まる孤立感《こりつかん》の中で度重なる挫折《ざせつ》や慢性的《まんせいてき》なフラストレーションが原因となり、次第に社会全体に対して恨《うら》みや憎《にく》しみの感情が醸成《じょうせい》され、それがふくれ上がって限界点を超《こ》えた時に、一気に暴発して街中の縁もゆかりもない人々に対する過激な攻撃《こうげき》として現れると。

通り魔殺人や無差別殺人では、自分の周辺や社会全体に対する憤懣《ふんまん》はあるものの、特定の者に向けられた怨恨《えんこん》などのはっきりとした動機があるわけではありません。ただ、逆に言えば、不特定多数に対する不満や鬱憤《うっぷん》といった動機らしきものは認められないわけではなく、現代的な都市病理とも言うべき原因も存在しています。異常とはいっても、まだ、一般的《いっぱんてき》な犯罪の延長にあるものと言えるでしょう。

たとえば、２００８年に起きた「秋葉原通り魔殺人」は、派遣《はけん》社員として働く若者が、八方ふさがりの状況の中で、自分の拠《よ》りどころとしていたネットでも無視されたと思い込んで、それまでのやり場のない憤懣を不特定多数の者に一挙にぶちまけたものですが、派遣労働者を取り巻く厳しい雇用《こよう》情勢、ネット社会という現代社会の特質、勝ち組・負け組などと言われる当時の社会経済政治状況等から、その動機、原因、心情などは、わからないわけではありません。現に、この事件は、若者を中心に、ある種の「共感」まで呼びました。

　通り魔殺人や無差別殺人とも区別されるものに、動機なき殺人があります。同じ異常な殺人でも、通り魔殺人や無差別殺人では、まだ動機らしきものが認められますが、これに対して、動機なき殺人とは、ほんとうに動機らしき動機が見当たらないものです。行動としても意味がわからないようなものです。

　たとえば、２００６年に起きた川崎《かわさき》マンション男児投げ落とし事件があります。これは、見ず知らずの小学男児を抱《かか》えて引っさらい、マンションの屋上から投げ落としたという事件ですが、被告人《ひこくにん》は、このほかにも投げ落とし未遂《みすい》事件を何件か起こしていて、一連の行動を終えた後には、憑《つ》き物が落ちたように自首しています。

　動機なき殺人の場合は、動機はもちろん、原因さえ存在しないように見える点で、通り魔殺人や無差別殺人よりも異常性が高いと言えるでしょう。

さらに異常性の高いものに、快楽殺人があります。快楽殺人というのは、殺人そのものが快楽になっているものです。何らかの想念や嗜好《しこう》のために、人を殺すことが当人の快楽に結びついている場合です。こうなると、これはもう、超異常、ハンニバル・レクターやバッファロー・ビルの世界に近づいていきます。

レクター博士は、異常性のために責任能力なしとなるか

これらの異常な殺人は、裁判ではどう扱《あつか》われるのでしょうか。

新聞やテレビのニュースなどで「精神障害のため責任能力なし、無罪」というのを、ほとんどの人が見聞きしたことがあるはずです。では、異常性があれば責任能力に影響《えいきょう》するのでしょうか。もし、異常性ゆえに無罪になるというなら、ハンニバル・レクターやバッファロー・ビルはどうなるのでしょうか。これほど異常な者もいないはずです。

実は、異常な犯罪だからといって、必ずしも責任能力に影響するというわけでは

ありません。この点は、よく誤解されていますが、決して異常性は、即《そく》「責任能力なし」とか「無罪」などに結びつくものではありません。殺人や強盗《ごうとう》殺人などを犯すような者は、ふつうの市民から見れば、ある意味、みな異常でしょう。ですから、異常だからといって、それだけで無罪としたり、罪を軽くしたりできないのは明らかです。

責任能力という言葉が指しているのは、一言でいえば、意識や思考にかかわる異常性のことです。意識や思考が人間存在の根本をなすとすれば（「我思う故に、我あり」）、その根本に異常が見られる場合に、そのまま罪に問えるのかという問題意識です。人間行動のメカニズムをつかさどる意識や思考が異常な場合にかぎり、はじめて「やむを得ない」として、刑罰《けいばつ》が退場するという考え方です。たとえば、精神病で思考が支離滅裂《しりめつれつ》になっていたり、意識障害を生じている場合が、これに当たります。

責任能力は異常性と無関係ではありませんが、異常性一般が問題なのではなくて、それが意識や思考の異常性なのか、そうでないのかが問題なのです。

これをハンニバル・レクターやバッファロー・ビルで見ていきましょう。

すでに出てきたように、ハンニバル・レクターのモデルとなった実在の人物は死刑判決を受けています。

つまり、責任能力には問題ないとされたわけですが、この場合は、必ずしも意識障害や思考障害が見られるわけではないからです。ハンニバル・レクターの場合、意識は極めてクリアで、思考は冴《さ》えに冴えています。モデルとなった実在の人物ヘンリー・ルーカスも、その場の状況に応じて、人の考えていることや欲していることを見抜《みぬ》く能力は驚異的《きょういてき》なものがあったと言われています。だからこそ、当時のＦＢＩやジョージ・ブッシュが時局的、政治状況的に何を欲しているかを檻《おり》の中からものの見事に見抜き、捜査協力という奇手で死刑執行の延期を得ることができたのです。

このような場合、いくら異常性は高くとも、その異常性は意識や思考に関するものとは考えられません。では、その異常性は、どの点にあるかと言えば、それは性《せい》癖《へき》や性格の点にあります。性癖や性格は、もともと、人それぞれ、人によって様々ですから、いくら特異で変わっていても、責任能力とは無関係です。こうして、責任能力に影響することはないのです。

バッファロー・ビルの方はどうでしょうか。

こちらのモデルとなった実在の人物は、実は、責任能力に問題があるとされ、殺人の刑事責任を問われることはありませんでした。バッファロー・ビルことエド・ゲインは、知能は少し劣《おと》っていましたが、外形的には物静かで、礼儀正しく、子供好き、地域の社会奉仕《ほうし》活動にも参加していた温厚な人物で、他人の悪口を言わないことで知られ、円満な社会生活を営んでいたふつうの人でした。この場合は、内面の思考そのものがおかしくなっていたと判断されました。いわば、内面が空洞化《くうどうか》していると考えられたわけです。

後者のように正真正銘《しょうめい》の猟奇殺人犯を刑罰なしで済ませる場合には、本当に、その異常性が意識や思考の異常なのかどうか慎重《しんちょう》に検討されなければなりませんし、人によっては異論もあるかもしれませんが、ともかく、上記のような判断の枠組みがあります。

以上は快楽殺人について述べましたが、その前に出てきた動機なき殺人でも、まったく同じことです。意識障害や思考障害があって、そういうわけがわからない殺人を起こしたのなら、責任能力に影響する可能性はあります。けれども、そうでないなら、責任能力は肯定《こうてい》されます。前に出てきた川崎マンション男児投げ落とし事件では、被告人の意識や思考は保たれていたとして、完全な責任能力が認められています。

「責任能力なし、無罪」の根拠

最後に残るのは、意識や思考に異常が認められる場合に「責任能力なし、無罪」でいいのかという点でしょう。

前に、「我思う故に、我あり」を引いて、刑罰が退場してもやむを得ないというようなことを述べましたが、本当に、そう言えるのでしょうか。いかに意識や思考に異常があるといっても、異常性は正当性とは違います。それ自体で無罪となるべきことではないでしょう。異常であれば異常であるだけ、「正常人」にとっては脅《きょう》威《い》でもあります。また、被害者から見れば、それだけ理不尽《りふじん》でもあります。早い話が、「バッファロー・ビルが刑罰なしとはどういうことか」です。

ここには、社会全体として見た場合の刑罰の機能という事柄がかかわってきます。

社会全体で見れば、異常な者は、「刑罰よりも治療《ちりょう》」「刑務所行きではなくて病院行き」とすることは、あり得るのです。割り切って言ってしまえば、意識や思考に異常がある場合、とくに精神障害の場合は、刑務所に入れても、もっと症状《しょうじょう》が重くなるのが関の山でしょうから、それぐらいなら、刑務所ではなくて病院に入れて、多少でも良くなってもらった方が、社会のためではないかということです。

こうして、法は、責任能力という観念を認め、これが完全に失われている場合（＝心神喪失《そうしつ》）は無罪とし、失われていないけれど著しく減退している場合（＝心神耗弱《こうじゃく》）は刑を減軽することにしています。これは、無罪放免《ほうめん》で終わりとするものではなく、その分、病院で強制的に精神科の治療を受けることを予定しています（医療観察法）。

「無罪」とか「減軽」とか言うと、一見すると納得しづらいものがありますが、それは、必ずしも、異常だから罪が軽くなるとか、異常だから罪が消えてなくなるということではありません。社会において刑罰がどのような機能を果たすべきかということからくるものであり、刑罰を強制的治療に振《ふ》り替《か》えているのです。

裁判一口メモ

責任能力とは　☆☆

「事の善悪を判断して、自分の行動をコントロールする能力」と裁判では定義されています。大まかに言えば、本文に出てきたように「意識や思考に異常があるかどうか」ということですが、直接に「意識や思考の異常」とは定義されていないために、もっと微妙《びみょう》な判断となる余地があり、これが精神鑑定《かんてい》の難解さと相まって、問題を必要以上に複雑に見せる原因になっています。

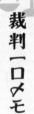

12

東野《ひがしの》圭吾《けいご》『容疑者Xの献身《けんしん》』

同情すべき殺人の刑《けい》罰《ばつ》はどこまで下がるか

隣室《りんしつ》の母娘《おやこ》のために数学教師Xが取ったまさかの行動

東野圭吾『容疑者Xの献身』は、直木賞《なおきしょう》、本格ミステリ大賞などを受賞した評判の高いミステリー作品です。今回は、この小説を素材にして、殺人罪の下限について見ていきましょう。ただ、以下で述べることは、この魅力的《みりょくてき》な推理《すいり》小説についてのネタばれを含《ふく》んでいますので、この点、あらかじめ注意してください。

数学教師Xは、中年になっても質素なアパートに一人暮らし、孤独《こどく》な生活を送っていたが、隣室に越《こ》してきた母娘を一目見て、不意に心に明かりが灯《とも》ったような思いを抱《いだ》く。とくに、女手一つで健気に生きるその母親に対する感情は、好感の域をはるかに超《こ》えていた。数学教師Xの内部で、その女性の存在は、灰色に塗《ぬ》り込《こ》められたような生活の中に浮《う》き上がる、ただ一つの明るい色彩《しきさい》、暗闇《くらやみ》の中に仄見《ほのみ》える灯《ともし》火《び》のような存在になっていった。

　隣室の母娘の方はと言えば、母親は、二度の離婚《りこん》を経験して弁当屋で働く30代の女盛り、娘《むすめ》は、最初の夫との間に生まれた子供で、今は中学生になっていて、二人つつましく暮らしていた。

　ある冬の晩、数学教師Xが自室で机に向かっていると、隣室から「ドン」という物音が聞こえた。

　その日、隣《となり》では、Xの心の灯火、あの女性のところに二度目の夫が訪ねてきていて、復縁《ふくえん》を迫《せま》り、金をせびっていた。その二度目の夫は、別れた後も、元の妻にしつこくつきまとい、今度も、引っ越したアパートを探し出してやってきたのだった。男は、元妻から金をせびり取ると、血のつながってない娘のことを指して「もう少ししたら風俗《ふうぞく》ででもどこでも働かせろ」と捨てゼリフを残し、やっと帰りかける。

ところが、その言葉を聞いた娘が花瓶《かびん》を持って走り寄り、それで男の後ろ首を殴《なぐ》りつけた。首を押《お》さえてうずくまる男。「何をしやがる」、意外な成り行きに男は逆上。感情を爆発《ばくはつ》させ、娘に殴る蹴《け》るの暴力をふるい、娘が倒《たお》れ込んでしまった後も、覆《おお》いかぶさるようにして何度も殴りつける。娘の母親は「やめて、やめて」と悲鳴を上げて止めに入るが、完全にキレてしまった男は、元妻を突《つ》き飛ばし、娘に対して憤激《ふんげき》を爆発させるのみ。

突き飛ばされた母親は、つい、電気コタツのコードを手に取り、娘の上になって殴り続ける男の首にかけ、娘から引き離《はな》すように、後ろに思い切り引っ張った。娘の方も、もがく男の腕《うで》を必死でつかんで体を押さえた。二人が我に帰った時には、男は死んでいた。

数学教師Xが聞いた「ドン」という隣室の鈍《にぶ》い物音は、娘が男の後ろ首を花瓶で殴りつけた時の音だった。その後の隣のドタンバタンは、安普請《やすぶしん》のアパートの壁《かべ》一枚を隔《へだ》てて、手に取るようにわかる。尋常《じんじょう》ならざる出来事が起きていることを悟《さと》ったXは、部屋を出て様子を見に隣室を訪ねる。隣の母娘の同情すべき殺人を知った。

Xは、隣の母娘を助けるために、超高速で頭を働かせる。自分の得意の論理的思考能力を駆使《くし》してわずかな時間で緻密《ちみつ》なアリバイ工作を考え出し、二人に授ける。それだけならまだしも、Xが二人のアリバイを完璧《かんぺき》にするためにしたことは……。

　ここからはネタばれですが、数学教師Xは、自分の工作を完璧なものにするため、見ず知らずのホームレスを殺して、それを被害者《ひがいしゃ》に仕立てたのでした。通勤経路で見かけた身元不明のホームレスを利用して、前夫が別の場所で殺されたかのように見せかける「変則連立方程式」を思いつき、そのためにホームレスの命を犠牲《ぎせい》にしたうえ、遺体の顔を潰《つぶ》すことまでして、その驚《おどろ》くべき特異な方程式を成立させます。

殺人罪で裁かれても刑務所へ行くとは限らない

「Xの献身」の動機は、もちろん、同情すべき殺人を犯してしまった母娘を守るためですが、そもそも、母娘が自室で殺人を犯して我に帰った時、二人は法的に見てどれだけ苦しい立場にあったのでしょうか。数学教師Xは、何か母娘が大変な刑罰を受けるかのように思ったからこそ、あの驚くべき「献身」をしたのでしょうが、その前提はどうなのでしょう。

同情すべき殺人は、どのくらいの刑になるのでしょうか。

母娘の殺人の特色は、①過剰《かじょう》防衛が成立すること、②男（被害者）のつきまといが遠因になっていることの二点にあります。

ここで、母親の行為は、娘を殴り続ける男に対して娘の身を守るために行なわれたものですから、当然、正当防衛や過剰防衛が問題になり得ます。素手で攻撃《こうげき》する男を殺してしまっていますから、正当防衛とまで言うことはできないでしょうが、過剰防衛は成立します。

娘についても、それは同じです。

最初に手を出したのは、花瓶で殴った娘の方ですが、その後、男によって娘に対して加えられた暴力は、もはや、それとは質的に違《ちが》ったものと言えます。このような場合には、先に手を出した者にも正当防衛が成立し得るとされています。一度攻撃が行なわれても、その後の経過は、これとは断絶したものと見られるからです。

最初の攻撃はローティーンの女の子の戸惑《とまど》いながらの一回的な攻撃にすぎません。これに対して、その後に行なわれたのは、大人の男の容赦《ようしゃ》のない激しい連続的な攻撃ですから、流れとしては、この間は断絶しています。

つまり、娘の最初の行為《こうい》は傷害罪にはなるものの、そこで時間経過の流れは法的評価としては、いったん切れて、肝心《かんじん》のその後の殺人については、男の暴力に対するものとして過剰防衛が成立するのです。

さて、過剰防衛が成立する場合は、殺人でも、刑はかなり下がり、平均で懲役《ちょうえき》6〜7年になっていることは、すでに出てきました（☞ **4 異邦人《いほうじん》「『太陽のせい』で人を殺したら、果たして……」**）。過剰防衛だけでそうなるわけで、過剰防衛に、さらにDV、ストーカー、つきまとい等の相手側の事情が加わると、さらに刑は下がって、殺人でも執行猶予《しっこうゆうよ》がつくことが珍《めずら》しくありません。

執行猶予というのは、当面は自由の身のままで、刑務所で服役《ふくえき》する必要はなく、猶予期間をそのまま経過すれば、もう金輪際《こんりんざい》、刑務所へ行く必要はなくなるというものです（したがって、ここでの「猶予」は、単なる延期の意味とは違います）。

たとえば、「懲役3年、執行猶予4年」の判決であれば、「4年経過後に懲役3年で服役しなければならない」という意味ではなく、そのまま、何事もなく4年を経過すれば、もう刑務所へ行く必要はなくなって、刑がチャラになります。反面、その4年のうちに、また犯罪を犯したりすると、猶予が取り消されて、即刻《そっこく》、懲役3年で服役しなければならなくなることも意味しますが（新たに犯した罪の分に懲役3年が加算されて収監《しゅうかん》）、要は、その後、市民として、ふつうに生活していれば、刑務所とは無縁《むえん》で終わるわけです。

つまりは、推理小説『容疑者Xの献身』でも、つきまといの前夫を殺した母親には執行猶予がついて、刑務所になど行かないで済む可能性が少なくなかったのです。もとより、中学生の娘の方は、たとえ14歳《さい》になっていたとしても、過剰防衛などの事情を考えると、刑事裁判にかけられることなく家庭裁判所の措置《そち》で終わるはずで、それも、不処分で終わる公算が大でした。「Xの献身」などなくとも、二人はもともと、そういう法的な地位にあると言えます。

容疑者Xの献身に下される厳罰

隣の母娘は、ともに、それほど悲観すべき状況にはなかったのです。逃《に》げ隠《かく》れせずとも、刑務所になど行かなくて済む可能性が、かなりありました。そういったことを確かめもせずに、隠しだてするように仕向け、あげくは、別の新たな殺人にまで突《つ》っ走ってしまった数学教師Xは大粗忽者《おおそこつもの》、とんでもないと言わざるを得ません。

こういうXに対しては、厳罰が下されます。

Xが「献身」として行なった殺人のもっともまずい点は、無関係のホームレスを恣《ほしいまま》に犠牲にしていることです。ホームレスを人間扱《あつか》いしていないことです。人の命を自分の計画の単なる手段として扱っていることです。その人命軽視の態度は著しいものがあります。人命尊重の理念は、殺人を考える場合の最も基本的で重要な観点ですから、人命軽視のはなはだしい「Xの献身」は、とりわけ重く罰せられることになります。Xは、被害者に見せかけるための工作の一環《いっかん》として、そのホームレスの顔面を潰すということも平気でしています。

Xの犯行は隣の母娘を守ろうとして行なったものですが、この動機の点も、さほど酌量《しゃくりょう》されることはありません。その後に無関係のホームレスをまるで物か何かのように犠牲にした点を考え合わせるなら、その動機を人間的な自然の情の発露《はつろ》と見ることは困難です。単なる中年男の偏愛《へんあい》ないしは妄執《もうしゅう》としか見られないでしょう。つまりは、独りよがりの偏執狂的《へんしゅうきょうてき》な行動としか評価されません。数学教師Xに対する刑罰は、間違いなく有期懲役の上限（懲役20年）あたりまでいくことになります。

お隣りの母娘にとっても迷惑《めいわく》な「献身」

客観的に見た場合、あの時点でなすべきだった「献身」とは、母娘に、すぐに自首してありのままを話すよう、アドバイスすることです。あの時点で、すぐに自首していれば、執行猶予がつく可能性は、さらに大きくなります。

「Xの献身」では、仮に最後までうまくことが運んだとしても、一生涯《いっしょうがい》、びくびくしながら生活していかなければなりません。そんな精神的に不安定な状態と、裁きを受けて執行猶予になって堂々と自由の身でいられるのと、母娘にとってどちらがよいかと言えば、間違いなく後者でしょう。

それだけではありません。もしことがうまく運ばなかった場合には、当然、母娘に、ホームレス殺しについての共犯の疑いがかかってきてしまいます。

また、いずれにしても、「Xの献身」では、母娘の部屋にあった男（前夫）の死体を始末する必要が出てきます。新たな罪を背負うことを免《まぬか》れません。二人に直接手伝わせていなくとも、母娘にも死体遺棄《いき》罪の共犯が成立してしまいます。数学教師Xは死体を自分の部屋に移してから、二人には何も知らせずに解体、投棄していますが、死体を現場から別の場所へ動かすだけで死体遺棄罪は成立します。

さらに、自首の機会もなくなります。小説では、結局、最後には、母親は警察に出頭することになっていますが、時期に遅《おく》れて、あとから警察に出頭しても、もはや、自首にはなりません。容疑者として、いったん捜査《そうさ》が開始した後では、法律上の自首とは扱われないのです。

つまり、Ｘは「献身」の結果、こういう諸々《もろもろ》の不利益を隣の母娘に負わせているのです。数学教師Ｘは、献身のつもりでも、実は、隣の母娘の足をどんどんあらぬ方向へ引っ張っていたと言う以外ありません。

『容疑者Ｘの献身』は、きっと推理小説としては見事なのでしょう。けれども、社会の現実感覚という点では、どうもしっくりこないところが多いように思います。間違いなく言えることは、数学教師Ｘのようにならないためにも、刑事裁判のことも、少しは知っておいた方がよいということでしょう。

裁判一口メモ

殺人罪と執行猶予の可能性 ☆

殺人罪の法定刑の下限は「懲役５年」となっています。他方、執行猶予がつけられるのは、３年以下の刑を言い渡《わた》す場合とされています。したがって、殺人事件については、そのままでは執行猶予をつけることはできません。けれども、別途《べっと》、同情すべき事情がある場合は、酌量減軽という措置ができると定められていて、酌量減軽をした場合、法定刑の下限は半分にまで下がります。そのため、殺人事件でも酌量減軽をすれば、執行猶予をつけることが可能になります（「懲役５年」の下限が「懲役２年６カ月」となる）。

こうして、一言で言えば、「同情すべき殺人には執行猶予がつけられる」ということになっています。

13

宮部《みやべ》みゆき『模倣犯《もほうはん》』

「決定的な一言」は本当に決定的な証拠《しょうこ》になるか

「模倣犯！」の決定的一言

宮部みゆきの大作『模倣犯』は、スマップの中居正広《なかいまさひろ》主演で映画にもなりましたが、これは別段、模倣犯を扱《あつか》ったものでもなければ、その中に模倣犯が出てくるわけでもありません。物語の中のエピソードの枝の一葉が、象徴的《しょうちょうてき》に題名に用いられているものです。犯人が割れてしまうきっかけとなる会話の中で、決定的な一言として出てきます。

テレビで女性リポーターから「模倣犯！」と挑発《ちょうはつ》され、つい「オリジナルだ」と叫《さけ》んでしまう場面がそれです。

小説『模倣犯』の中では、犯罪にかかわる様々な人間たちの群像が活写されています。この作品は、次々に繰《く》り広げられる劇場型犯罪を扱ってはいますが、単に犯罪を現象として扱うのではなしに、犯罪という事象を通して滲《にじ》み出る人間像を浮《う》き彫《ぼ》りにしたものと言えるでしょう。

一家惨殺《ざんさつ》事件の犯人と被害者《ひがいしゃ》、その事件のただ一人の生き残りの少年、その事件の犯人を父に持つ少女、魅入《みい》られたように猟奇的《りょうきてき》殺人事件を犯していく連続殺人犯、それを背後で操る主犯格の共犯者、無実の容疑をかけられた事故死亡者、その無念を晴らそうとする無実の容疑者の家族、犯罪を追うメディア、その中で事件関係者をスキャンダラスに追い回す人々など、様々な立場の人間が織りなす群衆劇が暗い陰翳《いんえい》を伴《ともな》いながら、ゆっくりと展開されていきます。

そこでは、それぞれの登場人物の姿が、一人ひとりが主人公と言えるほど、まるで細密画のように丹念《たんねん》に描《えが》き込《こ》まれています。中でも、とりわけ人物像が立っているのは、やはり、映画で中居正広が演じたピースと呼ばれる物語後半の主人公でしよう。

小説で描かれる劇場型犯罪の果て

ピースは、中学校時代の同級生Aが自堕落《じだらく》な生活から、犯罪の世界に足を踏《ふ》み入れたのを知り、Aを使って猟奇殺人を犯していきます。「完璧《かんぺき》な悪」を気取るピースは、中途半端《ちゅうとはんぱ》に悪に手を染めたAを巧《たく》みに利用して、さしたる理由もなしに、いわば、面白半分で猟奇的殺人事件を起こしていくわけです。そうして、殺した被害者の遺品を被害者の家族に送りつけて反応を見たり、メディアに犯行を誇示《こじ》する電話をかけて、世間が騒《さわ》ぐのを見たりして、ゲーム感覚で自分の犯罪の余韻《よいん》を楽しみます。

そのうち、Aともう一人の同級生Bが、たまたま二人で乗っていた自動車で事故死してしまうという偶然《ぐうぜん》の出来事が起こります。その自動車のトランクには、被害者の一人の遺体が隠《かく》されていたために、一連の猟奇的殺人事件は、世間的には、A

とBの二人組の犯行と見られることになり、ピースは労せずして安全圏《あんぜんけん》に逃《のが》れます。もう一人の同級生、お人好しのBは、「死人に口なし」で、猟奇的殺人事件の共犯者ということにされてしまいました。

そのことに納得のいかないBの妹が、兄の無実を信じて行動を起こすと、今度は、ピースは表向き、それをサポートする立場に回ります。そして、マスコミに颯爽《さっそう》と登場することに成功します。犯行の陰《かげ》に自分がいることがバレるはずはないという絶対的自信を持って、「本当の共犯者は別にいる」「そいつこそが主犯だ」「Bは事件に巻き込まれただけ」との論陣《ろんじん》を張ります。

Bの妹にとっても、兄の友人であり、自分の最大の理解者であるピースは、精神的に最も頼《たよ》りになる存在となっていきます。そういう状況の中で、ピースはBの妹に、「自分は真相を知っているが、Bは真犯人に間違《まちが》いない」と密かに告げます。ショックを受けたBの妹は、自殺してしまいます。

なんとも小賢《こざか》しく、自信満々で、けれども、その実、底が浅く、人物としての中身は空っぽというような、どうにも好感の持ちようのない人間——そういう存在として、ピースは造形されています。

小説『模倣犯』では、最終的にはピースは逮捕《たいほ》されます。その計画は、ピース自身が考えていたほどには完璧ではなく、警察の捜査《そうさ》は着々と進み、ピースの別荘《べっそう》が捜索されて、そこから多数の被害者の亡骸《なきがら》が発見されて終幕へと向かいます。そして、ピースの全面自供が示唆《しさ》されたところで、この大作は終わっています。

では、裁判では、ピースはどうなるのでしょうか。連続猟奇殺人犯として死刑でしょうか。

中居正広演じる主人公ピースに残されていた手段

逮捕されたピースは、もう降参するしかなかったのか、それとも、まだ何か残された手があったのかを考えてみましょう。これは、少し悪趣味《あくしゅみ》になるかもしれませんが、実際の刑事裁判や犯罪捜査と小説の中身とでは、少なからぬズレがあり、そこを浮き彫りにするためです。

小説『模倣犯』では、ピースの別荘の敷地《しきち》から何人もの被害者の遺体が掘《ほ》り返されて、ジ・エンドとなっています。

これらは、通常は「動かぬ証拠《しょうこ》」となります。しかし、実は、この場合に限っては、これらの物証を簡単に「切る」手があります。どういうことかと言うと、ピースが「別荘を同級生のＡやＢに使わせてやっていた」と申し立てれば、それで物証とピースとの関係は切れてしまい、これらの物証の証拠力の矛先《ほこさき》は、ＡやＢへと向かうことになります。何しろ、すでにＡとＢが事故死した自動車のトランクからは、被害者の一人の遺体が出ているのですから。

小説『模倣犯』では、ピースは昔、自分の母親も殺していて、別荘の敷地の別の地点から母親の白骨死体も出てくるということになっていますから、この件については罪を逃《のが》れられないでしょうが、それ以外の猟奇殺人については、逮捕された時点でもなお、全部、ＡとＢのせいにすることができないわけではなかったのです。

そして、もし、こういう主張をされてしまうと、捜査当局は、そう簡単には、これを崩《くず》せません。ピースが別荘をＡに使わせていたのは、実際のことですし、Ｂのことも一度だけですが、別荘に呼び寄せています。そして、その際に、お人好しのBは、Aと一緒《いっしょ》にいるところを別荘の近くの喫茶店《きっさてん》のウェイトレスに目撃《もくげき》されてしまっています。真相を知るAもBも死亡していて、ピースの言い分を直接覆《くつがえ》せる人間は誰《だれ》もいません。

ただ、ピースが実際に法廷《ほうてい》でこういうことを主張したとすれば、裁判員はきっと、出来の悪い芝居《しばい》を見せられているようなウンザリした気分になることでしょう。ピースの場合、逮捕される以前には、「Bは巻き込まれただけ、本当の共犯者は別にいる」とマスコミのマイクに向かって力説していました。今さら、「AとBの仕業《しわざ》に違いない」と言われても、まともに取り上げる気がしないかもしれません。

けれども、前にも出てきましたが、刑事裁判は、あくまで、検察側の立証が十分かどうかを判断するものです。検察側と被告側のどちらの言い分が正しいかを判断するものではありません（☞**3 陽のあたる場所「湖上のボート転覆《てんぷく》は事故か偽装《ぎそう》殺人か」**）。ですから、被告人の言動が首尾一貫《しゅびいっかん》しないハチャメチャなものに見えても、また、「今さら」という感じの弁解に思えても、それで被告人有罪の心証を取ることはできません。結局は、ほかに客観的証拠をはじめとする、どのような証拠があるかという問題になってきます。

ピースの申し立てが嘘《うそ》っぽく見えることは、有罪・無罪にはさして影響《えいきょう》しないわけです。

ピースの猟奇殺人は無罪かも？

それでは、もう一つ、ピースがテレビで敵対する女性リポーターから「模倣犯！」と挑発されて、「オリジナルだ」と叫んだ点はどうでしょうか。一言で犯人が割れてしまうこの場面は、文庫本にして全5巻という分量の物語のクライマックスであり、この一言は、タイトルにも用いられることになりました。

これは、世間的には「決定的な一言」ということになるでしょう。けれども、意外に感じるかもしれませんが、裁判では、つい口をついた発言やポロリと漏《も》らした一言は、証拠としてはあまり重きを置かれないことになっています。

たとえば、次のような実例があります。取り調べで犯行を完全否認しているケースで、犯行場所に臨場させられた被疑者が「もっと向こうだったんじゃないか」とポロリと漏らしたという例がありましたが、この裁判では、このような発言を重視するのは適切でないとして無罪が言い渡されています。

また、殺人事件の裁判中に、勾留《こうりゅう》されている拘置所《こうちしょ》の中で、被告人が「懲役《ちょうえき》10年はしょうがない」と漏らしたというケースでも、やはり、同様の趣旨《しゅし》から無罪判決が下されています。

法廷外の「決定的な一言」は、決定的な証拠とはならないのです。

どうしてこうなるかと言うと、人間の心理というのは複雑ですから、戯《たわむ》れに事実と違うことをつい漏らしたり、怒《いか》りのあまり事実ではないことを口走ったりしないとも限らないからで、もっと根本的には、裁判では直感を避《さ》け、できるだけ冷静な判断をしなければならないという要請《ようせい》があるからです。

結局、テレビでの「模倣犯！」→「オリジナル」発言は、ピースにとって決定的に不利にはならないのです。

実際の捜査の手順

では、ピースの猟奇殺人は、すべて無罪に？

小説『模倣犯』のままでは、そういう可能性があります。もちろん、日本の実際の捜査では、そんなことを簡単に許しているわけではありません。小説と実務とでは、前にも述べたようにズレがあります。では、どこがズレているのでしょうか。

小説『模倣犯』では、ピースの別荘を捜索《そうさく》した後、ピースから自供を得ようとしていますが、その手順が本来とは逆なのです。アジトを徹底的《てっていてき》に捜索して、そこに埋《う》められていた遺体を発見し、それをもとに、ピースを自供に追い込もうというのは、実は順序が逆です。

実際の捜査では、ピースを取り調べて遺体を埋めた場所を自供させ、それから捜索するという順序になります。なぜ、この順序でなければならないかと言えば、この手順で被害者の遺体が発見されると、それは「秘密の暴露《ばくろ》」となるからです。

「秘密の暴露」については、前にも出てきましたが（☞**1 罪と罰「ラスコーリニコ**

フを裁く」）、被疑者の自供に基づいて遺体が出てきたということが重要なのです。

アジトに遺体が埋まっているかもしれないということは予測できないわけではないとしても、どの地点に、どのくらいの深さで埋められているかなど、具体的事実の詳細《しょうさい》は、捜査側では知り得ないことです。それを被疑者が知っていたということになれば、その者が犯人である蓋然性《がいぜんせい》は飛躍的《ひやくてき》に高まります。後から「別荘は同級生のAやBにも使わせてやっていた」と言い逃れをしようとしても、もう揺《ゆ》るぎません。後の祭りというわけです。

ところが、この順序が逆になってしまうと、空振《からぶ》りとなる危険が出てきます。捜索の後では、せっかく自供を得ても、単に一度自白を取ったというレベルに落ちてしまいます。それには秘密の暴露が含《ふく》まれていないからです。たとえ、「敷地内のどこそこの地点に、どのくらいの深さで遺体を埋めた」などという自供を得たとしても、捜査側も、もう捜索で知ってしまっている事実ですから、誘導《ゆうどう》して自白を得たのと区別できません。逆の意味で、後の祭りとなってしまいます。その後、「誘導だ」何だと言われて自白を撤回《てっかい》され、「別荘は同級生のAやBにも使わせてやっていた」と言い出されると、弱ってしまうわけです。

捜査の実際として、あやしいからまず捜索してみようとか、逮捕と同時に捜索を行なうということも、もちろんあります。けれども、それは通常の容易な事件の場合です。

重大事件の場合は、捜査側も、もっとずっと慎重《しんちょう》に対処します。自供を得られる見込みがある場合には、アジトの捜索をする前に被疑者を任意で取り調べます。自供を得られる見込みがない場合にはアジトの捜索を行ないますが、徹底的に捜索するのではなく、一応の捜索によって得た証拠で被疑者を逮捕して取り調べ、遺体を埋めた場所など、肝心《かんじん》な点については自供を得てから捜索するようにします。どうしても「秘密の暴露」となるべき自供が取れなかった場合には、自供と関係なく捜索を最後まで行ないますが、それはやむを得ずにやることです。

14
吉田修一《よしだしゅういち》『悪人』

それほど悪人とは思えない凶《きょう》悪《あく》犯《はん》の扱《あつか》い

小説『悪人』の中の古典的司法問題

2007年1月まで朝日新聞紙上に連載《れんさい》されていた吉田修一『悪人』は、極めて現代的なシチュエーションの中で、殺人犯の生い立ち、境遇《きょうぐう》、家庭の状況《じょうきょう》、潜在《せんざい》心理など、「犯罪と環境《かんきょう》」という裁判的には古典的なテーマを描《えが》いています。

行きずりの情事を求めて出会い系サイトで知り合った男女が、ふとしたことから、殺人者と被害者《ひがいしゃ》となり、殺人者となった男は、大罪を犯してしまった直後に、自分が本当に愛していると思える女性とめぐり会って、二人で逃避行《とうひこう》を繰《く》り広げるという物語ですが、主人公が二度目の女性と出会うのも、出会い系サイトを通じてという設定になっています。

この小説の魅力《みりょく》の一つは、主人公をはじめとする登場人物が、まるで、その息遣《いきづか》いが聞こえるかと思えるほど、リアルに描き出されていることでしょう。逃避行を続ける二人はもとより、軽はずみな行動のために主人公に殺されることになる今どきギャルの被害者、殺された被害者の父親で地道に床屋《とこや》を営む街の理髪店《りはってん》店主、今は殺人者となってしまった主人公を育てた祖母、幼いころに主人公を捨て、その後は仲居をしながら細々と暮らしている母親、様々な登場人物が、いわば手を伸《の》ばせば届くような距離《きょり》から、話し出し、動きはじめます。そして、殺人という出来事に揺《ゆ》れ動き、絡《から》み合いながら、物語は進行していきます。

主人公は、最後には、一緒《いっしょ》に逃避行を続けていた女性の首にも手をかけ、二件目の殺人を犯そうとします。そこへ間一髪《かんいっぱつ》、警察が踏《ふ》み込《こ》んで、この殺人は未遂《みすい》に終わりますが、主人公の潜在心理が色濃《いろこ》く投影《とうえい》された結末には、自らを加害者、相手を被害者と規定することでしか、対人関係を築くことのできなかった人間のありようが示唆《しさ》されています。深いところで他人との触《ふ》れ合いを求めながら、その不器用さゆえに、社会的行動においては犯罪という形で現れることになった一人の人間の内面が、フラッシュバックのように浮《う》かび上がります。

読者は、最後の最後で、それまでに描かれてきた主人公の生い立ち、境遇《きょうぐう》、性格、母親との関係、祖父母との関係などのすべてが、この一点に収斂《しゅうれん》されていくのを感じることになります。そのため、この物語は深い余韻《よいん》を伴《ともな》って終わります。

実際の裁判でも、凶悪重大事件の犯人が思ったほど「悪人」でなかったということは、よくあります。中には、審理《しんり》が進むにつれて、次第にそういった感が深まり、むしろ、「善人」ではないかと思えてくるケースさえあります。この小説のように。

ここでは、小説『悪人』で描かれた犯罪と犯人像を、法と裁判に重ね合わせて見ていきましょう。

法と裁判のもとでは「やっぱり悪人」

小説『悪人』では、物語の進行とともに、無口な主人公の実像が次第に、はっきりとした輪郭《りんかく》を現していきます。髪《かみ》を金髪に染めて一見すると車にしか興味がないように見える主人公が、土木作業員としてきつい労働をして祖父母を養っていることや、幼いころ、一人フェリー乗り場に置き去りにされて母親に捨てられた過去を持つことなどが明かされます。

裁判では、しばしば、被告人の側から「不幸な境遇にあった」とか「恵《めぐ》まれない環境で育った」などということが声高に主張されます。ウェブサイトなどでこの種の問題に対する市民の反応を見ると、「結果に対する責任が死刑《しけい》や懲役《ちょうえき》なのだから、自分がしたことを棚《たな》に上げて、こういうことを言い立てるのは本当に嫌《いや》になる」「人間は善か悪かで割り切れるほど単純ではない。まるっきりの悪人などいない。もっと深く考える必要がある」といった意見に二分されるようです。どちらが土台になるのでしょうか。

刑事裁判には、行為《こうい》責任という考え方があります。行為責任については、前にも少し触れましたが（☞ **4 異《い》邦人《ほうじん》「『太陽のせい』で人を殺したら、果たして……」**）、裁判では、行為（犯罪行為）と直接関係ないことを重大視することはできません。ですから、犯人の不幸な境遇や恵まれない家庭環境などを重視することはできません。これが基本になります。

　このような法と裁判の基本的観点からすれば、小説『悪人』の主人公の犯罪は、さしずめ、次のようにまとめられるでしょう。

「被告人は、些《さ》細《さい》なことに立腹して、出会い系サイトを通じて知り合った女性の首を絞《し》めて殺害し、殺害後は、その女性の死体を崖下《がけした》に遺棄《いき》して逃亡《とうぼう》を企《くわだ》て、逃亡の道づれとして、またしても出会い系サイトを通して別の女性を誘《さそ》い出し、その女性を伴って逃亡を続けた挙句、再び些細なことから、道づれの女性に対しても殺意を生じ、その女性の首に手をかけ、殺人を繰り返そうとした。二件目の殺害については、幸い、被告人らの行方を追っていた警察が間一髪で、その場に踏み込み、女性を救助したが、被告人が二人目の女性殺害の目的を遂《と》げなかったのは、まったくの偶然《ぐうぜん》の事情によるものである」と。

これが、行為責任の中核《ちゅうかく》をなす「行為と結果」から見た場合の犯罪の評価になります。つまり、本当の悪人とみなされます。

不幸な境遇や恵まれない家庭環境はどこまで考慮《こうりょ》されるか

けれども、犯罪という人間的な現象の一部だけを法律という一つの約束事からだけ見て終わりとしていたのでは、「本当に、それでいいのか」という疑問も出てくるでしょう。環境も背景も見ず、社会的な要因も見ず、人間も見ずでは、あまりに近視眼的な裁きになりはしないかという反問です。

では、この二つはどうやって調和されるのでしょうか。

これを解決するキーも、行為責任の考え方にあります。行為責任の考え方は、行為や結果を中心にして考えるということであって、それ以外のものを無視するということではありません。というより、それは、行為を中心にして、すべての事柄《ことがら》を見ようとするものです。行為を通して、関連するものをすべて見ていくという考え方です。

たとえて言えば、住宅情報などで、首都圏《しゅとけん》からの何キロ圏というのを示す図表がありますが、それに似ています。マンションや建売住宅の情報誌に、東京駅を中心として何キロ圏というのがよく載《の》っています。

この同心円を使った図表で言えば、犯罪における「行為と結果」あるいは「故意」などは、東京駅至近のところにあります。「犯罪の動機」や「被害者の落ち度」などは、その次に重要性が高く、それに近いところ、いわば、横浜《よこはま》や浦和《うらわ》あたりになります。「犯行に至る経緯《けいい》」やきっかけなどは、犯罪の意味合いを明らかにするためには必須《ひっす》ですが、やや遠いところにあるもので、大船《おおふな》や大宮《おおみや》あたりでしょうか。

被告人の境遇や家庭環境となると、ずっと遠く、熱海《あたみ》や宇都宮《うつのみや》の先といったところになります。さらに、被告人の性格や普段《ふだん》の生活態度などという事柄になると、行為との確たる関連性は疑わしく、行なわれたこととまったく無関係とは言えないという程度ですから、もう東海や東北に入ってしまいます。

行為責任という考え方からは、こうして、「東京駅」を中心に放射線状に点在する様々な事実を中心からの視点で見ていくことになるのです。そこでは、至近距離にある「行為と結果」、つまり、殺害された被害者の数や、犯行の計画性・残虐《ざんぎゃく》性《せい》・執拗性《しつようせい》・凶悪性などが中心となりますが、その他の事実も、その位置付けの中で、一応は全部見ていきます。そして、その位置付けに応じた評価をします。その結果、遠いところにある事柄は、あまり結論に影響《えいきょう》しないことにもなります。

裁判では、不幸な境遇、恵まれない家庭環境なども考慮されますが、これらの事柄は、その位置付けに応じた評価しかされないということです。そのようにして下される裁きこそが、行為責任という考え方に立ったあるべき姿とされています。

小説『悪人』の主人公は死刑の一歩手前

こういう観点から、小説『悪人』の場合はどうなるかを見てみましょう。

まず、行為責任の基本的枠組《わくぐ》みからすると、『悪人』の主人公の罪は、殺人既遂《きすい》プラス殺人未遂の重罪併合《へいごう》で、些細なことで殺意を生じているうえ、それを短期間に繰り返していますから、現実の刑としては、死刑の一歩手前までいきます。つまり、無期懲役ということにならざるを得ません。

もとより、これは基本的枠組みとしてであって、最終的な結論を出すまでには、これ以外にも、様々なことが考慮されます。小説『悪人』に沿って言えば、主人公が幼いころ母親に捨てられたこと、それも一人フェリー乗り場に置き去りにされるという目に遭《あ》っていて、それが幼い心に癒《いや》しがたい傷を残したであろうこと、その後は、祖父母に育てられ、長じてからは土木作業員としてまじめに働き、祖父母の面倒《めんどう》を見てきたこと、無口で内向的な性格から対人関係がうまくいっていなかったこと、そのため友人もなく、女性との関係も金銭を通じてしか形成することができず、それが出会い系サイトの利用にもつながったこと、そして、これが事件の遠因となっていること……等々が考慮されます。

けれども、その結果どうなるかと言えば、短期間に繰り返された「殺人既遂プラス殺人未遂」のような重大事案では、おそらく、結論が変わることはないでしょう。あるいは、もしかしたら無期懲役がギリギリ有期懲役に落ちるかもしれませんが、そういったところなのです。

裁判による犯罪の社会化とは

ここまで読んできたところで、「せっかく審理《しんり》しても、そんなに少ししか結論に影響しないのか」とか、「結論が変わらないなら審理しても無駄《むだ》ではないか」と思った人もいるかもしれません。

しかし、決してそうではありません。

たとえ結論が変わらなくとも、不幸な境遇や恵まれない家庭環境、その他もろもろの事情を審理し、犯罪の全体像を明らかにすることは、犯罪の社会化という観点からは重要なことです。その犯罪は、なぜ起きたのか、その犯罪の背景には何があるのか、その犯罪は犯人の深層心理上どういう意味を持つのか、そして、被害者側から見た場合、どういう意味を持つのかなどを明らかにして、起きた犯罪を社会内において正しく位置付け、社会全体として消化していくことは、市民社会にとって必要不可欠なことです。

具体的には、そうすることで、犯罪被害者（遺族）の気持ちの整理に役立つことがあります。それが、今後の再出発のために寄与《きよ》することにもなるでしょう。犯人の家族にとっても同じことが言えます。そして何より、被告人にとって、自分を見つめ直し、極限まで罪と向き合っていくことにつながります。

これは、たとえ結論が死刑であっても同じです。

死刑の結論は変わらないとしても、ただ「悪人」として死刑にされるのと、自身が生まれ変わって命をもって償《つぐな》おうとして死刑になるのでは、大きな違いがあります。日本の死刑には、生まれ変わって死んでいくことこそが最高の償いだという考え方が含《ふく》まれています。実際、わが国では、死刑が確定した後も執行《しっこう》までにかなりの期間が取られ（通常数年）、その間には、教誨師《きょうかいし》と呼ばれる篤志家《とくしか》の宗教家による援助や教化が行なわれます。

死刑囚《しけいしゅう》が「生まれ変わって命をもって償おう」という考えになるためには、その不幸な境遇や恵まれない家庭環境などについて、十分に審理が尽《つ》くされなければなりません。そのうえで、それでも死刑しかなかったのだとして下された死刑判決でなければなりません。

刑事裁判には、法秩序《ほうちつじょ》の維持《いじ》や無実の発見という役割のほかにも、犯罪の社会化（犯罪事象の社会内共有化）という重要な使命があるのです。

小説『悪人』の中では、殺人者となった主人公と彼《かれ》を蔑視《べっし》して被害者となってしまった若い娘《むすめ》とが、実は幼いころに一度だけ出会っていたというエピソードが出てきます。

主人公が母親にフェリー乗り場に置き去りにされて捨てられた時に、一人ぽつねんと立ちつくす男の子のところに、よちよち歩きの女児がやってきて、「ちくわ」を差し出します。主人公が翌朝保護されるまでに口にすることができたのは、この「ちくわ」だけでしたが、そのよちよち歩きの女児は、たまたま父親に埠頭《ふとう》に連れてこられていた後の被害者でした。ここでは、まさに、天からの視点で犯罪がとらえられています。
願わくば、裁判をとおして、これと同じようなことが行なわれる必要があるのです。

15　村上春樹《むらかみはるき》『１Ｑ８４』

主人公「青豆《あおまめ》」は死《し》刑《けい》になる運命にあり

宗教的な熱狂《ねっきょう》やマインドコントロールのもとの殺人

２００９年に発売された村上春樹の『１Ｑ８４』（ＢＯＯＫ１・２）は、純文学としては空前の人気をもって迎《むか》えられ、驚異的《きょういてき》な売れ行きを記録しました。爆発的《ばくはってき》な人気のしからしむるところ、各方面から続編が期待される中、２０１０年にはＢＯＯＫ３が出て、この比類なき物語は完結しました。

これは、小学校の時に同級生でお互《たが》い惹《ひ》かれ合いながら、その後はまったく別々の道を歩んで大人になった二人の男女の物語です。20年近くも前に、同じ小学校で

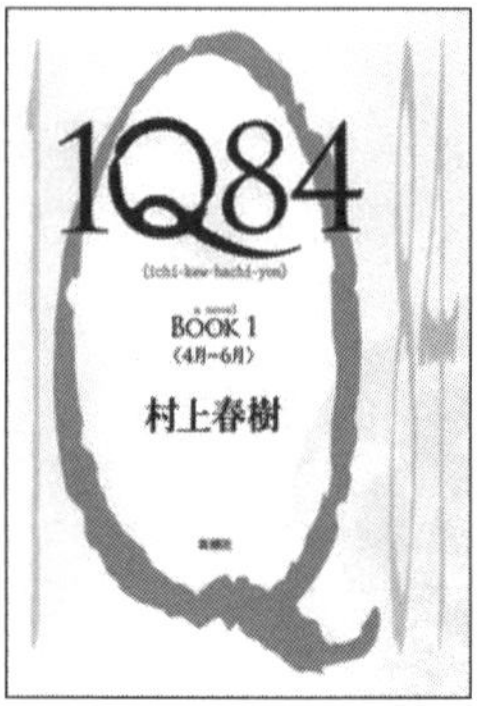

少しの間だけ同級だった女の子と男の子が、30歳《さい》を目前にした今、１９８４年に、それぞれ異次元の空間に迷い込《こ》み、おそるべき体験や不思議な体験を重ねた末、最後には一つの地点で出会い、新たな出発に向かうという筋立てで、カテゴリー的には、ラブストーリーに属するものとされています。

主人公の一人は、スポーツジムのインストラクターをしている「青豆」という女性。

１９８４年のある日、女性主人公・青豆は、タクシーに乗って高速を急いでいる時に、折悪しく、渋滞《じゅうたい》に巻き込まれます。タクシーの運転手は、青豆に向かって「緊急《きんきゅう》停車場所の避難《ひなん》階段から下に降りる手がある」と告げます。青豆が言われるままに、タクシーを捨てて避難階段を伝って降りたことから、不思議な物語は幕を開けます。

下に降りた青豆は、すれ違《ちが》った警官を目にして、警察官の制服が、今までと微《び》妙《みょう》に違っていることに気づきます。スポーツジムの会員の大金持ちの老婦人からは、過激派と警察とが大々的に衝突《しょうとつ》した騒擾《そうじょう》事件のことを聞かされます。けれども、青豆には3年前に起きたというその事件の記憶がありません。行きずりの情事のために入ったホテルの部屋では、米ソが共同で月面基地を作っているという奇妙《きみょう》なテレビのニュースを目にします。

　疑念を抱《いだ》いた青豆は、過去の新聞などを調べるうち、今自分のいる世界は、微妙に異なるもう一つの世界、パラレルワールドなのではないかと思うようになります。そして、その「１９８４年」を「１Ｑ８４」と名付けます。

「１Ｑ８４」の中では、スポーツジムの会員の大金持ちの老婦人は、密かにＤＶ男や性犯罪者を暗殺する闇《やみ》の組織のボスでした。青豆は、その組織に引き入れられて、次々に男たちを殺していきます。青豆が殺害した男は、四人を数えました。その特《とく》殊《しゅ》活動の過程で、青豆は、過激なカルト宗教の教祖ともかかわり合いを持つことになります。その不気味なカルト教団の教祖は青豆に告げます。「ここは『１Ｑ８４』だ」と。

　もう一人の主人公は、予備校教師のかたわら小説家を目指してゴーストライターをしている「天吾《てんご》」という男性。

天吾は大手出版社の編集者から才能を見込まれ、雑文のリライトや文学賞の下読みなどをしていましたが、10代のある少女が書いた新人賞の応募作《おうぼさく》に接したことで、彼を取り巻く世界は微妙に変質していきます。その作品を読んで、天吾は、少女の文章はまことに稚拙《ちせつ》ながら、感性は非常に面白いと感じて編集者に推奨《すいしょう》します。編集者は、その作品を天吾にリライトさせて、少女に新人賞を取らせることを思いつきます。その応募作「空気さなぎ」をリライトしていくうちに、天吾の中では、流れを塞《ふさ》いでいた重しが取り払《はら》われたかのように、新しいものが滾々《こんこん》と流れ出してきました。

その作品が新人賞を取ってベストセラーとなった時、天吾は自分のいる世界が「空気さなぎ」の作中の世界とつながっているのを確信します。ある日の夕方、天吾が空を見上げると、そこには存在すべからざる天体がありました。すでに、世界はアナザーワールドに変わっていたのです。

小説『1Q84』では、メインとなる青豆と天吾の物語に加えて、作中作「空気さなぎ」の物語、その作者である不思議な美少女の物語、美少女を引き取って一緒《いっしょ》に家族のように暮らす「センセイ」の物語、青豆とファミリーになる大金持ちの老婦人の物語、青豆がかかわるカルト教団の教祖の物語など、奇妙な、それでいてめくるめくようなイメージの小宇宙が重層的に、次から次へと展開されます。

目がくらむほどに豊饒《ほうじょう》なその物語世界は、読み進めるうちに、自分自身がいる現実世界がパラレルワールド、アナザーワールドに思えてくるほどです。ＢＯＯＫ３では、青豆の世界と天吾の世界が次第に近づいていき、最後には、ついに出会った二人の前に、こちらの世界に戻《もど》ってくる道が開かれます。

１９９５年・地下鉄サリン事件は「１Ｑ９５」か

この物語をどう読むべきなのかについては、すでに様々な書評や解説が出ています。

作者自身は、作品のテーマについて、次のように述べています。オウム真理教の一連の事件の裁判傍聴《ぼうちょう》を続けるうちに、「ごく普通《ふつう》の犯罪者性人格でもない人間がいろんな流れのままに重い罪を犯し、気がついたときにはいつ命が奪《うば》われるかわからない死刑囚《しけいしゅう》になっていた――そんな月の裏側に一人残されたような恐怖《きょうふ》の意味を何年も考え続けた。それが出発点になった」（読売新聞紙上での村上春樹インタビュー）。

地下鉄サリン事件をはじめとするオウム真理教事件にかかわり、犯罪者となった人間の中には、医師や研究者など、入信するまでは立派な社会人であり、善良な市民だった人々が少なからずいたことはよく知られています。彼《かれ》らにとっては、オウム真理教にかかわった時間と、そこで引き起こしてしまったことは、感覚的には、パラレルワールド、アナザーワールドの出来事なのかもしれません。

実際、重罪を犯した信者のそこまでに至る経緯《けいい》を見ると、修行に専念するために東大病院の医師を急に退職したり、自然科学の研究を突然《とつぜん》放棄《ほうき》して大学関係者と音信を絶ってしまったりと、マインドコントロールの影響《えいきょう》下《か》としか考えられないような行動もあります。

それでは、小説『１Ｑ８４』の中に含《ふく》まれている問題は、法律的な目からは、どう理解されるのでしょうか。地下鉄サリン事件の1995年は「1Q95」だったのでしょうか。彼らが今「月の裏側に一人残されている意味」は、何なのでしょうか。

なぜ殺人はいけないか——法に規定されていることだからとか、そういうことにしておかないと社会が成り立たないからといった表面的な理由とは別に、もっと根源的な理由についても、この本の中で少し触《ふ》れました（☞**1 罪と罰《ばつ》「ラスコーリニコフを裁く」**）。

それは、人は大きなところでは他人とつながっているということに関係します。他者と共に生きるという共生の感覚、他者と共にあるという共存の理念によるものです。人が他人を自分とまったく無関係なものとみなし、自分の欲望あるいは自分だけの考えや論理によって平気で他人を殺《あや》められる存在となってしまうと、それは、もはや許されざる存在である——これが「汝《なんじ》、殺すことなかれ」の意味です。

そして、これは、その後、パラレルワールド（アナザーワールド）から、こちらの世界へ戻ってきたとしても、変わりません。つまり、事件を起こした後に、共生や共存の感覚に目覚めたとしても、変わることはありません。それでは遅《おそ》いのです。なぜ遅いかと言えば、死刑には、生まれ変わって死んでいくことこそが最高の償《つぐな》いだという考え方が含まれているからです。必ずしも、犯人を極悪人や怪物《かいぶつ》のようにみなして処刑するという考え方ではないからです。

これが、マインドコントロールから脱《だっ》して本来の世界に戻ってきても、なお「月の裏側に一人残される」ことの法的な意味合いです。

死刑の基準の根底にあるものは何か

小説『１Ｑ８４』では、女性主人公・青豆は四人もの人間を殺したという設定になっています。そこでは、明らかに、実際の裁判の死刑の基準が意識されているように思えます。

死刑の基準として、「死刑になるのは三人以上殺害した場合で、二人殺害では死刑になる場合とならない場合がケースごとに判断され、一人殺害では原則的には死刑にはならない」といった大枠《おおわく》があることについては、すでに述べました（☞1 **罪と罰「ラスコーリニコフを裁く」裁判一口メモ　死刑の基準――★★**）。

パラレルワールド（アナザーワールド）における青豆の殺しは、親友がＤＶを苦に自殺したことで、報復としてその夫を処刑したのにはじまります。極細の針を後ろ首に瞬時《しゅんじ》に突《つ》き刺《さ》して死に至らしめる必殺の特技を持つ青豆は、ＤＶ男や性犯罪者を処刑するプロの殺し屋となって殺しを重ね、ついには、不気味なカルト宗教の教祖まで標的にします。性犯罪を理由に教祖を処刑するミッションを帯びて、危険を冒《おか》して教祖に接近しますが、青豆には、近くで見る教祖は異常な性犯罪者とは思えず、もっとずっと深い存在に感じられてきます。深い瞑想《めいそう》を繰《く》り返す教祖は、「自分は殺されなければならない」と自らの運命を予言していました。結局、青豆は処刑を実行しますが、その時には、もはや、青豆の使命や殺しの意味は曖昧《あいまい》になっていました。

現実世界の「掟《おきて》」に引き直した場合、物語が進むにしたがって、青豆は次第に死刑を免《まぬか》れない存在となっていくのを、読み手は意識せざるを得ません。

では、その現実世界の「掟」、死刑の基準の根底にあるものとは、何なのでしょうか。

大まかに言えば、死刑の基準の背景には、「抜《ぬ》きがたい犯罪傾向《けいこう》」と「犯罪被《ひ》害《がい》」という二つの視点があります。死刑判断は、この二つを根本的な観点として、死刑の基準を具体的な尺度として行なわれています。ここで、「犯罪被害」というのは、字句どおり、どれだけ悲惨《ひさん》なことが行なわれ、どれだけひどい被害が生じたかということですが、「抜きがたい犯罪傾向」というのは、次のようなことを指しています。これは、単なる一般的な犯罪傾向ではなく、殺人や強盗《ごうとう》殺人の犯罪傾向を指し、被告人に殺人や強盗殺人の強固な犯罪傾向が見られるかどうかという観点を言います。

私たちの社会は、最低限、自分自身や子供や配偶者《はいぐうしゃ》や親兄弟などの生命が平穏《へいおん》に保たれるようなものでなければならないわけですが、殺人や強盗殺人の「抜きがたい犯罪傾向」を有する者は、そういう社会の在り方を根本的に否定するものにほかならないという見方です。いわば、安全な社会という現代の日本社会の在り方を根本的に否定するような者は、その存在を社会の側から否定されるといったことです。そして、これまでの死刑判断では、どちらかと言えば、この「抜きがたい犯罪傾向」の方に重点が置かれてきたという事実があります。

　前に、一人殺害で例外的に死刑となるのは、金銭目的で高度な計画性をもって行なわれた犯行に限られるということが出てきました。金銭目的と高度の計画性が重視されるのは、「抜きがたい犯罪傾向」の観点が、ここに関わっているからです。

　また、二人殺害の事案について、同一の機会に二人殺したか、それとも、機会を異にして二人殺したかで区別されるということも出てきました。これは、機会を異にして二人殺した場合は、犯行を二度繰り返した点で、同一の機会に二人殺したのに比べて、それだけ犯罪傾向が強いという見方です。まさに「抜きがたい犯罪傾向」という観点からくるものです。

　上記の二大観点のウエートのバランスはともかくとして、死刑判断の基礎《きそ》には、「抜きがたい犯罪傾向」と「犯罪被害」という二つの主要観点があります。そして、死刑の基準自体も、それらをベースにして構成されたものにほかなりません。

小説『１Ｑ８４』の青豆のように、三人以上殺害となってしまうと、いずれの観点からも、死刑回避《かいひ》ができかねることは容易にわかるでしょう。

青豆は、ＤＶ男や性犯罪者を「ネズミ野郎」とみなして殺害し、「私たちは間違ったことは何もしていない」と良心の呵責《かしゃく》を感じることもありませんが、それでは、安全な社会という日本社会の根本が成り立ちません。また、その「ネズミのような」男たちにも、親兄弟があり、子供がいて、青豆による犯罪被害は波紋《はもん》のように広がって、多くの人たちに回復不能の傷を与えることを考えなければなりません。

現在の日本の裁判を前提にする限り、青豆に対しては、死刑以外の選択肢《せんたくし》はないのです。

あとがき

この本は、市民が気軽に刑事《けいじ》裁判にアプローチできるようにした読み物ですが、読み終わってみていかがだったでしょうか。

楽しみ方は、まだ、いろいろとあります。名作映画のブルーレイやＤＶＤを見ながら、本書のそれぞれの章を読み直すのはどうでしょうか。あるいは、本書を読まれて興味を引かれた場面や気になったところを、実際に画面で確かめてみるというのも面白いかもしれません。また、本書で取り上げたほかにも、ご自身のお気に入りの映画や小説があれば、それを「主人公を裁く」という観点で類推してみるのはどうでしょうか。さらには、その人にしか思いつかないような特別の楽しみ方が見つかるかもしれません。

名作映画、名作文学を楽しむように本書を読んでもらえたならば幸いですが、これをきっかけに、刑事裁判に本格的な興味を持たれた方々がいれば、それは望外の幸せです。そのような方々のためには、『教養としての冤罪《えんざい》論』（岩波書店、２０１４年）、『死刑と正義』（講談社現代新書、２０１２年）、『死刑肯定《こうてい》論』（ちくま新書、２０１５年）などがあります。

本書では、刑事裁判への招待のつもりで、一切の批判的見地を封印《ふういん》し、新たな視点に言及《げんきゅう》することも控《ひか》えました。しかし、裁判員制度がはじまったのは、これまでの刑事司法が欠陥《けっかん》を抱《かか》えていたからです。これからの刑事司法は、官僚《かんりょう》裁判官による従来型司法を刷新していかなければなりません。

市民は、旧来の刑事裁判の焼き直しのような中途半端《ちゅうとはんぱ》なものではなく、自らが考え、自らがよしとする真に自立した裁判をしなければなりません。では、どうすれば、それができるのか。具体的に、どのようにすればよいのか。先の三書では、「無罪」や「死刑」などの根本問題について、これまでの枠組《わくぐ》みにとらわれない新しい「市民の裁判」の方法論を提供しています。

本書のことに話を戻《もど》しますが、この本は、２０１０年に日本経済新聞社より刊行された単行本をもとにしたものです。もとは全24章（名作映画13本、名作文学11

編）からなる、かなりボリューム感のあるものでしたが、それを15章に厳選して選書版としました。

単行本として発行された時には、国際出版となって韓国《かんこく》語版が出たものの、国内ではほとんど反響《はんきょう》はありませんでした。それにもかかわらず、このたび、ポプラ選書として再び日の目を見たのは、編集部の天野《あまの》潤平《じゅんぺい》さんの熱意と尽力《じんりょく》によるものです。単行本から選書への移行に伴《ともな》う章のセレクトも、天野さんを信頼《しんらい》して、すべて任せました。まさに、天野さんの力によってよみがえったわけです。最後に深謝します。

本書で取り扱った作品及び、
ジャケット写真・表紙画像クレジット一覧

P16 ドストエフスキー『罪と罰』（亀山郁夫訳・光文社古典新訳文庫）

P32 ロバート・ワイズ監督『ウエスト・サイド物語』／DVD 発売中／20 世紀フォックス ホーム エンターテイメント ジャパン／©2012 Metro-Goldwyn-Mayer Studios Inc. All Rights Reserved. Distributed by Twentieth Century Fox Home Entertainment LLC.

P44 ジョージ・スティーヴンス監督『陽のあたる場所 スペシャル・コレクターズ・エディション』／DVD 発売中 各￥1,429＋税／NBC ユニバーサル・エンターテイメント

P58 カミュ『異邦人』（窪田啓作訳・新潮文庫）

P71 ルネ・クレマン監督『太陽がいっぱい 4K リストア版 Blu-ray』／価格￥5,800＋税／発売元・販売元　株式会社 KADOKAWA

P86 ルイ・マル監督『死刑台のエレベーター』／DVD 発売中／株式会社アネック／©1958 Nouvelles Editions de Films

P100 ジャン＝リュック・ゴダール『勝手にしやがれ Blu-ray』／価格￥2,000＋税／発売元・販売元　株式会社 KADOKAWA

P110 スタンダール『赤と黒』（小林正訳、新潮文庫）

P124 フランシス・フォード・コッポラ監督『ゴッドファーザー PART I～III』／Blu-ray 発売中 各￥2,381＋税／NBC ユニバーサル・エンターテイメント

P136 アーサー・ペン監督『俺たちに明日はない』／ブルーレイ ￥2,381＋税／DVD ￥1,429＋税／ワーナー・ブラザース ホームエンターテイメント／©2008 Warner Bors. Entertainment Inc. All rights reserved. “Academy Award(R)” is the registered trademark and servicemark of the Academy of Motion Picture Arts and Sciences.

P147 ジョナサン・デミ監督『羊たちの沈黙』／DVD 発売中／20 世紀フォックス ホーム エンターテイメント ジャパン／©2012 Metro-Goldwyn-Mayer Studios Inc. All Rights Reserved. Distributed by Twentieth Century Fox Home Entertainment LLC.

P161 東野圭吾『容疑者Xの献身』（文春文庫）

P173 宮部みゆき『模倣犯』（新潮文庫）

P185 吉田修一『悪人　新装版』（朝日文庫）

P198 村上春樹『1Q84』（新潮社）

本書は２０１５年３月に『名作裁判　あの犯人をどう裁く？』として、ポプラ新書より刊行したものを、ルビを加え選書化したものになります。

本書に記載されている書籍・ブルーレイ・ＤＶＤ等の情報は発売日現在のものです。予告なしに変更される可能性がありますので、あらかじめご了承ください。

★森 炎（もり・ほのお）

1959年東京都生まれ。東京大学法学部卒。東京地裁、大阪地裁などの裁判官を経て、弁護士。裁判官時代には、官民交流で民間企業に1年間出向勤務した。著書には、『死刑肯定論』『司法権力の内幕』（いずれもちくま新書）、『死刑と正義』（講談社現代新書）、『なぜ日本人は世界の中で死刑を是とするのか』『量刑相場』（いずれも幻冬舎新書）、『裁く技術』（小学館101新書）、『裁判員のためのかみくだき刑法』（学研新書）、『教養としての冤罪論』（岩波書店）、『司法殺人』（講談社）、『虚構の法治国家』（共著、講談社）など。

未来へのトビラ
A Door to the Future

ポプラ選書　未来へのトビラ

名作裁判　あの犯人をどう裁く?

2019年4月　第1刷発行
2021年4月　第2刷

著者	森 炎
発行者	千葉 均
発行所	株式会社 ポプラ社 〒102-8519 東京都千代田区麹町4-2-6 一般書ホームページ www.webasta.jp
ブックデザイン	bookwall
印刷・製本	中央精版印刷株式会社

©Hono Mori　2019 Printed in Japan
N.D.C.327/215P/19cm ISBN978-4-591-16096-1

落丁・乱丁本はお取り替えいたします。電話(0120-666-553)または、ホームページ(www.poplar.co.jp)のお問い合わせ一覧よりご連絡ください。※電話の受付時間は、月～金曜日10時～17時です(祝日・休日は除く)。読者の皆様からのお便りをお待ちしております。いただいたお便りは、著者にお渡しいたします。本書のコピー、スキャン、デジタル化等の無断複製は著作権法上での例外を除き禁じられています。本書を代行業者等の第三者に依頼してスキャンやデジタル化することは、たとえ個人や家庭内での利用であっても著作権法上認められておりません。
P4147009